birger sellin
ich deserteur einer artigen autistenrasse

birger sellin

ich deserteur einer artigen autistenrasse

neue botschaften an das volk
der oberwelt

Herausgegeben
von Michael Klonovsky

Kiepenheuer & Witsch

Erste Auflage 1995

Umschlaggestaltung: Kalle Giese, Overath
Umschlagfoto: Sibylle Bergemann, Berlin
Gesetzt aus der Berthold Baskerville
bei Kalle Giese Grafik, Overath
Druck und Bindearbeiten: Clausen & Bosse, Leck
ISBN 3-462-02457-4

Vorbemerkungen des Herausgebers

Dieses Buch ist die Fortsetzung des 1993 im selben Verlag erschienenen Bestsellers »ich will kein inmich mehr sein – botschaften aus einem autistischen kerker«. Birger Sellins erste Textsammlung, hierzulande bislang mehr als 80.000mal verkauft und inzwischen in sieben Sprachen übersetzt, avancierte über Monate zu einem Topthema in den deutschen Medien. Die faszinierende Geschichte des jungen Autisten, der in seinem zweiten Lebensjahr zu sprechen aufhörte, von Ärzten und Therapeuten als schwer geistig behindert eingestuft wurde und nach sechzehn Jahren Schweigen am Computer zu schreiben anfing, mutete wie ein modernes Märchen an. Hinzu kam, daß der junge Mann seine »mitteilungen an die oberwelt« in einer Sprache aussandte, wie sie bislang noch nicht gehört wurde. Ein doppeltes Wunder also: Der vermeintlich geistig Behinderte konnte nicht nur lesen und schreiben, er produzierte sogar Literatur.

Ich habe ganz bewußt die Begriffe Märchen und Wunder verwendet, nicht um das Phänomen Birger Sellin aus dem Bereich rationaler Erklärungen herauszuheben, sondern um die Gefühle wiederzugeben, die Birgers* sensationelles »Coming out« seinerzeit auslöste. Sein Fall illustrierte jene bekannte Shakespeare-Sentenz, wonach mehr Dinge zwischen Himmel und Erde existieren,

* Ich habe eine Weile überlegt, ob ich Birger weiterhin, wie im ersten Buch, nur mit seinem Vornamen nenne. Immerhin ist er inzwischen 22 Jahre alt, und man pflegt Personen dieses Alters bekanntlich mit dem Nachnamen anzusprechen. Da Birger aber sein Umfeld (und sich selbst sowieso) in seinen Texten zumeist beim Vornamen nennt und ich gewissermaßen mit ihm befreundet bin, bin ich dabei geblieben.

als unsere Schulweisheit sich träumen läßt. Märchen ist dabei keineswegs in jenem pejorativen Sinne zu verstehen, von dem sich einige Zweifler leiten ließen, die Birger, ohne jede nähere Prüfung der Umstände, kurzerhand absprachen, der Verfasser der unter seinem Namen erschienenen Texte zu sein.

Märchen, Wunder, Sensation: Das alles ist jedoch nur die Sicht von uns Außenstehenden. Für Birger war die Wiedererlangung der Sprache nach Jahren des Schweigens eine Befreiung, nicht mehr und nicht weniger – keinesfalls aber eine Heilung. Birger ist nach wie vor schwer autistisch, er kann nicht sprechen und muß bis heute fast ausschließlich mit fremder Hilfe schreiben, aber er kämpft mit allen seinen Kräften gegen diese rätselhafte, kaum erforschte Verhaltensstörung. Das vorliegende Buch ist vor allem ein Zeugnis dieses Kampfes und seiner ersten Erfolge.

Wie bei jeder Fortsetzungsgeschichte ergibt sich nun die Schwierigkeit, daß zahlreiche Leser den ersten Teil bereits kennen, andere hingegen nicht. Erstere wollen nicht durch Wiederholungen gelangweilt werden, die Neueinsteiger wiederum haben das Recht zu erfahren, worum es eigentlich geht. Aus diesem Grunde soll hier noch einmal, sozusagen im Zeitraffer, Birgers Geschichte erzählt werden.

Birger Sellin, erstes Kind des Berliner Juristen Dankward und der Psychologin Annemarie Sellin, war keine zwei Jahre alt, als seine geistige Entwicklung beendet schien. Binnen weniger Wochen hörte der Junge auf zu sprechen und wich sämtlichen Kontaktangeboten seiner Eltern aus. Es spielte nicht mehr wie andere Kinder, sondern entwikkelte statt dessen absonderliche Verhaltensweisen: Stundenlang ließ er, wie hypnotisiert, Murmeln, Glasperlen oder Sand durch seine Hände rieseln, blätterte gedankenverloren in Büchern, die er aus der Regalwand nahm, oder schaukelte unentwegt mit dem Oberkörper.

Ärzte und Therapeuten waren ebenso ratlos wie Birgers Eltern. Einer ihrer Befunde lautete, der Junge leide vermutlich an einer geistigen Retardierung infolge einer Gehirnzellenentzündung – unmittelbar vor seinem Verstummen wurde Birger von einer Serie schwerer Mittelohrentzündungen heimgesucht. Als Birger viereinhalb Jahre alt war, wurde bei einer Untersuchung zum erstenmal die Diagnose »frühkindlicher Autismus« gestellt. Ein niederschmetternder Befund: Autismus gilt als nahezu unheilbar.

Birger wuchs zum Jugendlichen heran, lebte aber wie ein geistig zurückgebliebenes Kleinkind zu Hause. Tagsüber wurde er in verschiedenen Horteinrichtungen des Berliner Vereins »Hilfe für das autistische Kind« betreut. Er lernte, sich allein anzuziehen und zu waschen, verrichtete kleinere Arbeiten im Haushalt, entwickelte sich aber nicht über die Infantilitätsgrenze hinaus. In seinem achten Lebensjahr sprach er völlig überraschend einen einzigen Satz – die andere Zeit blieb er stumm. Der Junge lebte völlig in sich zurückgezogen und hatte sich seiner Umwelt bis zur Unauffälligkeit angepaßt.

In der Pubertätszeit komplizierte sich der Umgang mit Birger. Sein Verhalten wurde zwanghaft, er lebte in ständiger Hektik, schaukelte, keuchte, bekam Schreianfälle und biß oder schlug sich bis aufs Blut. Der Junge trieb seine Eltern zur Verzweiflung und die Familie in die Isolation. Bei alledem blieb Birger scheinbar ohne jede kognitive Wahrnehmung. Seine Zukunft sah düster und hoffnungslos aus.

Nachdem Birger seine gesamte Kindheit und Jugendzeit, zumindest äußerlich, in einer Art Dämmerzustand ver-

bracht hatte, geschahen im Sommer 1990 Dinge, die das Leben der Sellins von Grund auf änderten.
Durch eine Vortragsreihe der amerikanischen Sprachtherapeutin Annegret Schubert, Doktorandin an der Universität Syracuse (Bundesstaat New York), erfuhren Birgers Eltern erstmals von »Facilitated Communication« (FC), einer Methode, mit deren Hilfe sprachgestörten und zugleich motorisch oder psychisch blockierten Menschen eine Kontaktaufnahme zu ihrer Umwelt ermöglicht werden kann – durch unterstütztes Zeigen auf Gegenstände oder Buchstaben. Am 27. August 1990 setzte sich Annemarie Sellin ohne übermäßige Hoffnungen mit ihrem Sohn an einen PC.
Was dann geschah, davon handelt das erste Buch.
Nach mühevollen ersten Tippversuchen am PC – dem dabei entstehenden Buchstabensalat war aber sofort zu entnehmen, daß Birger die Schriftsprache beherrschte – brach im Laufe der Zeit ein Strom von Gefühlen und Reflexionen aus ihm heraus. Wie sich herausstellte, konnte Birger seit seinem fünften Lebensjahr lesen und schreiben. All die Jahre hindurch hatte er genau registriert, was um ihn herum geschah. Der vermeintlich Debile konnte alle Länder und Hauptstädte der Welt aufzählen, wälzte philosophische Gedanken, wußte in der Autismusforschung Bescheid und kannte zahlreiche Schriftsteller. Die Bücher, die er zu Hunderten »durchblätterte«, hatte er in Wirklichkeit gelesen. Hinter der Fassade eines schnaufenden, schreienden, wippenden, zusammengekrümmten Verrückten steckte ein sensibles, hochintelligentes Wesen, dessen Sprache später in der Presse wahlweise mit der von Hölderlin, Artaud, Gustav Schwab, Rainald Götz und Ingeborg Bachmann verglichen wurde.

Ich lernte Birger im Frühjahr 1992 kennen, anderthalb Jahre nach seiner Öffnung, und schrieb für das Hamburger »Zeit-Magazin« einen längeren Artikel über ihn. Das Echo war beachtlich: Die Creme der deutschen Buchverlage riß sich um den plötzlich aus dem Nichts (in diesem Falle stimmt die abgegriffene Metapher wohl) aufgetauchten neuen Autor. Birgers erstes Buch enthielt eine Auswahl seiner Niederschriften; es begann mit den ersten Versuchen im Sommer 1990 und umfaßte die Zeit bis Ende 1992.

So wurde Birger Sellin zum Schriftsteller, zum, wie der »Spiegel« nach Erscheinen des Buches schrieb, »ersten autistischen Dichter der Welt«; freilich ohne daß er bis dato irgendeine Intention in diese Richtung entwickelt hatte – dafür waren und sind seine Mitteilungen zu existentiell. Dabei ist es im Grunde auch geblieben. Zwar schreibt Birger hin und wieder Texte bewußt für eine spätere Veröffentlichung, doch tritt der Gedanke ans Publikum zumeist hinter den Kampf gegen seine Behinderung zurück. Daß seine Texte veröffentlicht werden, geschieht selbstverständlich auf Birgers Wunsch. Ich bin von ihm lediglich wieder autorisiert worden, eine Auswahl zu treffen.

Nach dem Erscheinen des ersten Buches, den darauffolgenden Zeitungsveröffentlichungen und der Ausstrahlung eines Dokumentarfilmes über sein Leben hat Birger Berge von Post bekommen, viel mehr Briefe, als er je wird beantworten können. Und immer wieder tauchte in den Zuschriften die Frage auf: Wie geht es weiter?

Das wird Birger nun selbst schildern.

München, im Januar 1995
Michael Klonovsky

Vorwort von Birger Sellin

an eine einzigartige menschengruppe wende ich mich
menschen die sich daran machen
ein wertarmes irres akademisch denkdichtes buch zu le-
sen
widerstandslos auslesen zu wollen
aber sie werden darin trauer heiteres aufgeregtes und
sehnsuchtsstarkes finden
eines aber will einer wieder
allen auch angenehmes wuenschen
wind sonne regen und schnee sollen an mich erinnern
der mit allen wettern gewaschene aussteiger birger sellin
der sich
und allen seismographischen aussteigern
und erdlingen
gutes wuenscht
lachen und weinen
und liebe in ausreichender menge

Berlin, 7. Januar 1995

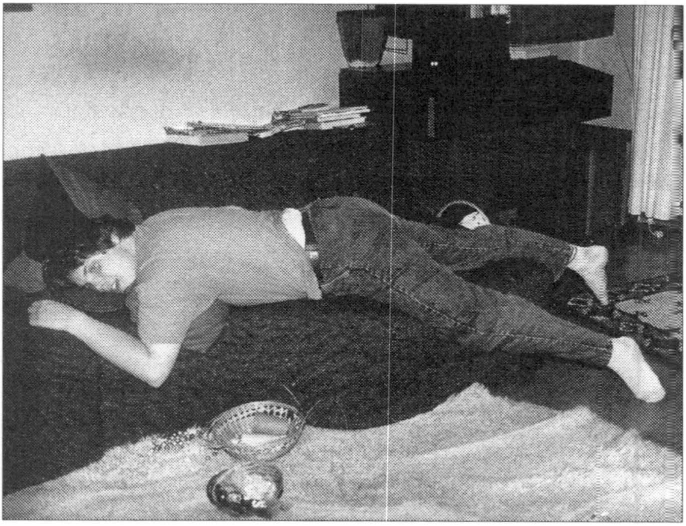

Birger Sellin mit Eltern und Bruder Jonas

es soll eisern an einem neuen buch gearbeitet werden
ich denke an ein wichtiges buch
was ueber den aergerlichen autismus herausfindet
was es sich widerspiegelt
auch was es sehr schleichend mit sich bringt
aergerlich ist dass ich noch zu befangen bin
ich werde immer schlimmer und merke selbst ich bin unertraeglich erst ausser mir dann inmir
ein zustand ewiger hin und hergerissenheit
ich terrorisiere mich und die umwelt
ich finde die balance nicht
4. Januar 93

einen brief an riesig liebe frau w. will ich schreiben
eine grosse irdische freude haben sie mir bereitet
mit dem brief dem gedicht und der kassette
ich danke ihnen
ihre freundlichkeit ist so sagenhaft
ich bin erweitert worden in meinem eisigen beengten autistengefaengnis
ich erlebe andauernd meine begrenzung
ich erlebe dauernd auch einsamkeit
der gute ohnegleichen liebe brief macht ueberaus gluecklich
ich festige in meinem herzen den gedanken
dass freundlichkeit und liebe eine wirksame waffe gegen nervenden autismus sind
ein sogenanntes innenheilmittel
aus einem ausserordentlich sehr aufrichtigem herzen
gruesst sie ihr einsamer aber erheiterter
birger sellin
5. Januar 93

werke von nietzsche* sind eindrucksvoll
aber auch persoenlichkeitserarbeitend
ich meine damit
auch wird eine seinanwendung einfach gegeben
eine entlarvende analyse unserer essentiellen existenz
unter dem gesichtspunkt einer atheistischen erkenntnis-theorie
ich bin beeindruckt von der sehr wesentlich erscheinen-den erkenntnis
ausser uns arbeitet keiner in ausserirdischen regionen
wider uns wir bestimmen unser schicksal selbst
mir hilft es
mich nicht zu quaelen
dass eine ungerechte ohnegleichen starke macht uns total unterjocht
ich glaube ich kann so mit meinem schicksal besser leben
wenn ich weiss ich trage selbst die verantwortung
6. Januar 93

wieder will einer einer wichtigen person schreiben
ich werde einen brief an gisela** schreiben
sei es in aller wirklichkeit wie in unwirklichkeit
heute bin ich zu unruhig und werde morgen schreiben
8. Januar 93

* Birger meint den Philosophen Friedrich Nietzsche.

** Gisela Ulmann, Berliner Psychologin und Dozentin für Entwicklungspsychologie. Mit ihr steht Birger seit 1991 in engem Briefkontakt. Alle folgenden Briefe »an gisela« sind an sie gerichtet.

will erst einen brief an gisela schreiben
liebe gisela
es wird endlich zeit dass ich dir schreibe
richtig ausgezeichnet fand ich deinen brief
ich richte wieder viel unsinn an
das erschwert mir und meiner familie das leben sehr
ich kann erdachte wege zur besserung einfach nicht ausfuehren
ich erdenke so viel gute sachen
aber sichtbare erfolge gibt es kaum
ich weiss ohne veraenderung wird es keinen weg zum selbstaendigen leben geben
ich eifere in den wind
ich erlebe mich selbst immer schrecklicher
ich bin kindisch und erzaehle nur trauriges
es gibt auch schoenes
ginge es mir nur schlecht koennte ich dir heute nicht schreiben ich freue mich mit dir reden zu koennen
keiner kann in mich kuenstlerisch einen ausdruck interpretieren ich sei genial
aber du kannst mir mit deinen briefen deutlich machen
ich sei ein mensch
was mir viel wichtiger ist
ich danke dir einfach
und werde dir weiterhin einfach zuhoeren wie der letzte ausgeflippte mensch
ich gruesse dich einfach und herzlich
dein birger
in einfacher kindischer dankbarkeit und achtung
9. Januar 93

euer birger erntet immer mehr ausserordentliche ungna-
de
ein werter tycho* will mehr mit mir machen als ich kann
er verliert mit mir oefter die lebenswichtige geduld
10. Januar 93

es aergert mich dass wieder so eine hektik herrscht
will einen brief an jamila** schreiben
liebe jamila
dein ausserordentlicher brief hat mich gefreut
ich moechte dir sagen ein film mit dir sollte nicht so sein
dass wir wieder von aussen gezeigt werden
und andere ueber uns aussagen machen
denn die aussagen ueber autisten stimmen meistens
nicht
ich erlebe das leider immer wieder und will so nicht inter-
pretiert werden
ich will dass wir selbst zu wort kommen wie wir es koen-
nen
unsere innere welt soll aufgedeckt werden
damit uns die menschen einfach mittels film geistig er-
kennen als ihresgleichen
und wir ein wenig achtung von ihnen erhalten wie perso-
nen ihresgleichen
ohne irrtum kann niemand ueber uns aussagen machen
ich erinnere mich ungern an ohnegleichen irrsinnige be-
hauptungen in buechern persoenlichen gespraechen

* Birgers Einzelfallhelfer bis Herbst 1993.
** Jamila Chauvet, französische Filmemacherin. Sie wollte einen Film über Birger drehen. Der Plan zerschlug sich.

richtig weh tut es mir wenn ich daran denke
ich opfere gern eine menge ideen einen ohnegleichen guten film zu machen
aber nur wenn keine kommentare von aussenstehenden eingeflochten werden
ich gehe wirklich soweit
dass es mir lieber ist ein film wird nicht gemacht wie sonst
ich ordne grade meine ideen fuer einen film
eines baldigen tages teile ich dir alles mit
ich gruesse dich von herzen
dein wichtiger berater birger
der kritische einsprucherhebende
aber dich liebende
11. Januar 93

eine willensstaerke ist vorhanden
ich kann es aber nicht realisieren
das irre schreien sind ausbrueche ueber die ich keine gewalt habe
ich will wieder alles andere als widerliches brausendes richtig wuetendes gebruell
will auch nicht wie ein albernes baby sein
ich will so gern vernuenftig sein aber es gelingt mir nicht
aber einmal wird es gelingen wieder ohne wauernwam
also ohne wimmern zu wunschgemaessem handeln zu gelangen
12. Januar 93

einen unerhoert wichtigen brief will ich schreiben an uwe*
lieber uwe
wissen deine eltern dass ich dir schreibe
es muss furchtbar sein wenn man etwas vor den eltern verheimlichen muss
ich denke ihr solltet ihnen lieber sagen dass wir uns schriftlich unterhalten
sicher kannst du sie ueberzeugen dieser briefwechsel ist ganz persoenlich und wichtig fuer uns
wir brauchen einander
zerstreuung und abwechslung aber ist es wenn ein lieber brief kommt
wieder habe ich mich sehr gefreut
ich danke dir vielmals und habe lieber deine briefe als gut formulierte aber unehrliche briefe
du hast mich sehr erfreut
ein lieber freund bist du mir
ich moechte gern dein freund sein
eines tages werden wir gemeinsam alle titel der zeitungen fuellen
eines tages werden wir als sieger ueber riesigen unheilautismus sein
ich gruesse dich
ich geniesse deine kindergleiche innige sichtbare zusage dass wir wie viele andere freunde sein koennen
aus allem was der ausgefeilte astreine briefeschreiber in mir sagt ist liebe
ich danke dir
13. Januar 93

* Ein Autist in Birgers Alter aus Chemnitz, der ebenfalls mit Facilitated Communication schreibt und mit Birger seit 1992 im Briefkontakt steht.

ich will mir ueber irrtuemliche worte zuerst gedanken machen
weil ich wieder irrseinlos sein will
15. Januar 93

ich in unruhe
16. Januar 93

ersetzbar ist aber so leicht niemand
ich kaue neidlos einfach aergerlicherweise an dem problem
wie ich selbstaendig werden kann
heute freue ich mich dass du wieder da bist*
ich aergere mich dass ich so abhaengig bin von dir
aber der astreine dankward** kann zeitweise nur schimpfen
er ist selbst ganz widerspruechlich
richtig einsam macht ruhelosigkeit
einsamer als autismus
ich sehne mich nach ruhe
und bearbeite meine seele nach wie vor mit albernen anfaellen
ich wuensche mir frieden und richte chaos an
ich wuensche mir ausdauer und halte nichts aus
ich wuensche mir anerkennung und terrorisiere die menschen

* Birger meint seine Mutter.
** Birgers Vater.

ich wuensche mir wahrheit und sage unsinn
ich wuensche auch lachen und schreie
einsam bin ich
einsam bleib ich
wenn ich nicht herausfinde aus weltfernen autismusein-
samkeiten einsam will ich nicht mehr sein
ach wann wird der tag kommen
17. Januar 93

eisern wird ein ausgestossener an dem ganzen filmge-
schehen richtig arbeiten
wird in allen szenen auch sakrale musik sein
ich denke eine einfache heidnische musik richtet nichts
aus
ich stelle mir aus der ferne musik vor von beethoven
oder bach und mozart wie wir es zuhause auch haben
ich liebe diese musik und dichte oft nach musikstuecken
18. Januar 93

quatsch waere ewig harmonische musik
aber an bestimmten stellen
20. Januar 93

will einen brief an gisela* schreiben
liebe aufsehenerregende labende wertvolle gisela

* Siehe Anm. S. 16.

ich aktualisiere deine sichtweise
und werde zuverlaessige ideen innerhalb meines systems aufarbeiten
innerhalb meines systems wird es eine rubrik geben
aus giselas ideenschatz
wie einer eine ausgezeichnete reale begebenheit schildert weiss ich noch immer nicht
ich will es aber wieder bald versuchen wie du es vorschlaegst
ich freue mich dass du mir so ausdauernd schreibst
einer wie ich ist darueber sehr gluecklich
21. Januar 93

will wieder denen schreiben die mir frueher geschrieben haben
zuerst herrn m.
richtig wieder sprechen koennen
ich wuensche es mir sehr
sie erzaehlen wie ihnen die musik geholfen hat
und ich freue mich mit ihnen
wie kann ein stummer ein redender werden
wie kann ein schweigender sprache beginnen
manchmal aber kann ich unerwartet etwas sagen*
ich selbst bin dann richtig ueberrascht wie das geschehen konnte eine erklaerung habe ich nicht dafuer

* Birger verstummte in seinem zweiten Lebensjahr. Mit acht Jahren sprach er zur völligen Überraschung seiner Eltern einen einzigen Satz, danach schwieg er wieder jahrelang. Seit Beginn seiner »Schreibzeit« im August 1990 spricht er mitunter spontan einzelne Worte – allerdings so selten, daß auf ein Jahr nicht mehr als zwei Worte kommen.

ich denke nur dass ist ein beweis fuer die vorhandene faehigkeit zum sprechen
einen weg aus der sprachlosigkeit aber muss noch gefunden werden
ich danke ihnen fuer ihre einfuehlsame aufmerksamkeit
und gruesse sie herzlich
ihr aufrichtiger zuhoerer
birger sellin
22. Januar 93

wille allein genuegt bei weitem nicht um angst zu beherrschen
wie ein wildes unzaehmbares tier liegt es auf der lauer
eine widerliche wieder und wieder aergerliche wiederkehrende bestie aus den abgruenden der hoelle
wie eine ungestueme macht die aus den wassern des irrsinns hervorbrechend alles vernichten wird
in einer auslaufenden diese eiternde angst ohnewertesicht
bin ich reisender in einer welt ohne ziel
wie unter den dauernden zeitendlosigkeiten
und ein ausgestossener in organisierter gesellschaft
jeder ist ein wesen mit wert und wuerde
und einer aber hat alles verloren
ich schreie
warum wird sicherheit an alle verschenkt
einer aber muss auf grundlosem ausharren
warum sieht wieder jeder ein einfaches licht
und einer muss in der nacht der angst bleiben
und in einer dunkelheit des wahnsinns leben
ich richte alle meine sinne wie zerrspiegelungen wieder
auf deine welt

einen deiner sonnenstrahlen zu widerspiegeln in meiner
duesternis zerrbilder des lebens
tosendes ausgeseites waessriges auffangwasser des lebens
ich schreie
warum kann ich nicht leben
winselnd demuetige ich mich vor dir
schenke mir noch einmal das leben
einen werden wir sehen der liebend sich ueber dich beugt
einer der nicht vergisst dass sogar dein sicheres leben sich fuer ihn lohnte
ich lohne es dir mit liebe
23. Januar 93

einen brief an uwe* will ich wieder schreiben
lieber uwe
ich moechte dir doch noch einen brief schreiben
weil sich bei ausserordentlichen einsamen wie einer wie du auch grosse sehnsucht sammelt
einen brief zu wichtigen fragen zu erhalten
wundere dich bald und warte noch ein wenig
dann entdecken wir alle geheimnisse
wohlgeordnet werden wir sie entschleiern
und der aufgeregten fachwelt aufzeigen
ein wichtiger beitrag ist unser schreiben
eine ausserordentliche ausdrucksmoeglichkeit totgeglaubter personen wie wir es waren
inselwesen werden ohne schreiben gar nicht wahrgenommen

* Siehe Anmerkung S. 20.

eine auserwaehlte wichtige menschengruppe koennen
wir sein
wenn wir mithelfen diesen autismus zu besiegen
so wie man vorher andere unheilbare krankheiten einfach besiegt hat
lass uns miteinander wie treue freunde dafuer eintreten
dass unser leben einen irrsinnssinn hat
eine ungeheure ohnegleichen eifrige liebevolle zuneigung habe ich zu dir
mit einem richtigen gruss als freund schliesse ich
dein birger
ein autist wie er aus den buechern entsprungen ist
ein autist reinster sorte
autist wie man ihn ausdenkt als schrecken der menschheit
autist ersten grades ohne schnoerkel und verzierungen
ausser einer
ich habe einen freund
24. Januar 93

uwe soll einen brief bekommen
lieber uwe
richtig ausgezeichnet finde ich es
dass ich einen wichtigen brief aus chemnitz bekommen
habe
sichtbar in allem was du schreibst wird eine aussage
dass du gern wieder reden willst
diesen wunsch teilen wir mit allen stummen
ich fuehle genau wie du sichtbare irre restlos sinnlose
verachtung
dieser schmerz sieht unter anderen schmerzen alle abgruende menschlichen leides

ich kann vieles ertragen
aber verachtung erweist sich als ewige widerliche wunde
wie aber sollen wir damit fertig werden
ich denke das einzige mittel ist die hoffnung unsere gedanken unneidvoll aussenmenschen kundzutun
wie einer der mitteilungen aus anderen welten macht
ich will mit meinem schreiben wichtige innengedanken
in die auserwaehlte gesellschaft streuen
immer mehr werden wir
und ich hoffe es innerhalb unserer autistengruppe wird
eine wissenschaftliche forschung betrieben
um autismus richtig zu bekaempfen
mit nervenden autisten darf man sich nicht mehr abfinden
aus ihnen sollen menschen erster klasse werden
ich gruesse dich herzlich
dein ohneich seiender wahlfreund
birger aus berlin
wo alles so schoen aufregend eisig schlimm einen anweht
zuerst verachtung
dann feindschaft
25. Januar 93

wieder so eiserne fragen*
alles ist wie wasser
ohne reden bin ich ausgestossen
ich werde immer unertraeglicher

* Eine Berliner Amtsärztin ist zu Besuch bei den Sellins und befragt Birger, ob er mit seiner Therapeutin (siehe folgende Anmerkung) und seiner Klangtherapie zufrieden ist.

meine einsamkeit ist wie ein stein
sowie ein riesiger steinfelsen wo er sich ausbreitet
wie wasser nach soanderen gesetzen nach einer sicheren wohnstatt sucht
so suche ich eine wohnstatt in der gesellschaft
wie einer der jetzigen einsamen auf rohen strassen
wie einer auf den baenken einsam in der stadt
wohnen wird eine auf leisen sohlen wichtige kostbarkeit
will wieder allein sein
eine tuechtige therapeutin eine frau breinlinger*
sie ist meine wichtigste aussenperson
eine wichtige arbeitet an meinen grundproblemen angst unruhe zwaenge
und wie sich zeigt gebe ich wissenschaftliche soandere informationen ueber autismus
die klangtherapie wird von meinem geld bezahlt
und ich bin so froh darueber wie andere menschen dienstleistungen bezahlen zu koennen
wie feine vornehme wassermaenner
so albern will ich einmal sein wenn ein mensch erster klasse aus mir geworden ist
nein ein schreiender mensch hat gruende
ich schreie aus angst verzweiflung und not
ich glaube daran dass ich herausfinde aus meinem autismus
will weg
danke fuers zuhoeren
ich fuehle mich wohler wie erfrischt
26. Januar 93 (nachmittags)

* Margard Breinlinger, Psychologin beim Berliner Verein »Hilfe für das autistische Kind«, eine Therapeutin, die Birger seit seinem fünften Lebensjahr kennt und seit seiner »Schreibzeit« auf Birgers ausdrücklichen Wunsch wieder betreut.

einen brief einem herrn aus ingolstadt
unser problem als autisten aber ist es dass wir ausser uns selbst ohne alle menschen auskommen muessen
ich kenne sonst keine behindertengruppe die so eingeschraenkt lebt innerlich sind wir wie andere menschen aeusserlich irre
ich dirigiere mein inneres ohne in aeusseren bereichen einfluss auf mein einfaches benehmen nehmen zu koennen
diese unfaehigkeit erscheint mir ein hauptproblem des autismus wieder sehen am ufer der erkenntnis
ich gruesse sie herzlich ein suchender birger sellin
aus diesseitigen nichtniemandland
26. Januar 93 (abends)

werde zur weiteren ausbreitung aller autistischen geheimnisse beitragen
das freut mich ungemein
aber ich wiederhole einen einfachen titel
richtig soll es heissen
ich ohne wir aus der ohnemichwelt*
27. Januar 93

richtig aufregung herrscht in mir
wie autisten einfach anfangen zu schreiben
sicher werden wir auch in einiger zeit sichtbar fuer alle sogenannte wissende sein lohnende menschen

* Birger schlägt einen Titel für das erste Buch vor.

weil wieder durch uns erkenntnisse wieder ans licht kom-
men
die einer ungebildeten zivilisierten einfaeltigen mensch-
heit verlorenging
ich habe so viele gedanken in mir aber wie splitter duer-
fen sie erst ans eisige licht
wie saetze wie woerter wirken wie sie sich innerlich an-
hoeren weiss ich
aber aussen ist es anders ohne steuerung von innerwel-
ten
ueber ueberwaeltigte zuhoerer freue ich mich
mir ist aber wichtig eine antwort in schriftlicher form
auch eine wiederholung einer veranstaltung unter unse-
ren sichtbar unfaehigen mitarbeitern
die eifern wieder in den wind weil sie einen tuechtigen
supercomputer haben
den sie nicht bedienen koennen
eine zickige angelegenheitungeheuer
28. Januar 93

ohne suessigkeiten geht es mir viel besser
ich widerstehe eisern und will dringend eine hungerkur
machen
ich hoffe ihr helft mir den dicken widerlichen richtig
haesslichen eigendoofen birger zu bekaempfen
29. Januar 93

rinnen wieder traenen ist es wohl auch ohne schreien
moeglich zu leben
30. Januar 93

um sich wirksam wieder zu einem ausserordentlichen
menschen zu entwickeln
habe ich ausserordentlich viel anpassung noetig
eine irre wichtige aufgabe fuer ein sichtbares wichtiges
ziel
ausserdem wuensche ich mir auch einen angenehmen irren geburtstag mit wieder klasse geschenken
ich bin ein alberner kindischer birger
und freue mich auch ueber ohnewertsachen
31. Januar 93

tauge nicht aergerlicherweise wunderbar wieder die total birgerfreundlichen feste zu begehen
einfach zu unruhig einen deiner ohnegleichen eiferbesessenen einfaelle einen spaziergang unsinnigerweise zu
machen
erwies sich als toericht*
sei nicht traurig ich werde aus diesem tag lernen
auch sind die geschenke einfach toll
eine liebevolle einfallsreiche auswahl
peinlich dass einer wie ein einsamer einfach sich
aergerlicherweise nicht richtig aeussern auch kann
einfach dankeschoen
ein artgemaesses geschenk der walkman
und diesmal wird er artgemaess behandelt
1. Februar 93

* Birger bekam beim Spazierengehen an seinem Geburtstag einen Schreianfall.

wird aber wieder eiskalt die stimmung
wenn ich schreie
ich will es doch auch nicht
aber ich schaffe es nicht zu unterdruecken
weil ich zu abhaengig bin
richtig ausweiten tut sich das gebiet eiserner zwangshandlungen
ich hasse das
aber ich komme nicht gegen an
es ausserdem sich anhoeren muessen
es macht die familie kaputt
ist fast zu viel
ich gerate dadurch in noch tiefere zwaenge
wichtig einsamen etwas liebes sagen in einer vernuenftigen weise
birger wird es schaffen
und eines ausserordentlichen tages wird er auch darueber lachen
will aber wie sonst wuselbirger auch akzeptieren
weil ich sonst noch wieder total durchdrehe
autist aber will auch ich nicht sein
anders als andere werde ich wohl bald sicher bleiben
2. Februar 93

ich werde richtig reden wenn wir aus der urwaldwelt gefunden haben
3. Februar 93

will einen wirksamen antwortbrief an elisabeth* schreiben
liebe aussergewoehnliche elisabeth
ich will dir ohne wirklich richtig zeuge deiner neuen familie zu sein ein einfaches und wirklich warmherziges sicheres leben wissen und weisheit wuenschen
du wirst mir eine freude in mir erwecken
mit dir wird die erinnerung an freudevolle wirklich sehr eindrucksvolle stunden der kindheit
deine astreinen kekse deine getraenke
nervoes war niemand bei dir
alle konnten unerhoert entspannt sein
wie eine friedliche insel war deine wohnstatt in wildem kreuzberg
wie liebevoll auch wieder und wieder jan** sich um mich bemuehte
ich werde es ihm nicht vergessen
ich liebe ihn sehr
durch das schreiben kann was neues gesagt werden
und ungesagtes endlich sicher mitgeteilt werden
ich will dich einmal wiedersehen ich sehne mich sehr
aber ein gruss von dir ist wie eine sternstunde
die auswirkungen haben wird auf meine einsame unruhige seele
ich gruesse dich in einer tiefen sicheren liebevollen weise
dein wirklich dankbarer einsiedler nicht ohne freunde
seiender birger sellin aus wannsee
wo wir eine wahnsinnswohnstatt fanden
wo wir das leben suchen

* Eine Freundin der Familie Sellin schon aus Birgers Kindheitstagen.
** Jan ist ihr Sohn.

und die wunder erlebten die uns suchten
gruesse jan und deine andere neue familie
4. Februar 93

will einen wichtigen brief an uwe schreiben
lieber uwe
ich wohne wie du in einer familie
aber ich wuensche mir sehr allein selbstaendig
ich will wie ein anderer erwachsener auch leben
in steten ausdauernden sichtbar kleinen daemlichen erfolgen suche ich solche weiteren seinesgleichen
ich will richtig frei sein
in einer wohngruppe in einem wohnheim fuer behinderte kann ich nicht leben
wie du sehe ich in der kunst sehr starke ausdrucksmoeglichkeiten
eine sache der ich mich am sichersten verbunden fuehle
ist die wichtige ausgezeichnete aesthetik der literatur
ich selbst wuensche ein wirksamer dichter
ein sogenannter literat zu sein
wie ein wucherndes wissendes objekt
ein wesen das sich mitteilt
das sich schenkend einbringt
einsam sich einer erlauchten gesellschaft ersatzlos anerkennung sucht und verstaendnis
ich werde alle sinne in diese richtung lenken
einer ohne witterung fuer wundersame dinge wird mich nicht verstehen
aber du verstehst mich
ich wuensche dir auch solch ein ziel
einer wie du erlebt mehr als andere

einer wie du arbeitet anders als andere
er versteht inselweisheit
und kennt die tiefen unserer einsamen existenz
einsamer waren wir ohne alle kontakte
wir widerstehen der einsamkeit indem wir uns schreiben
einer wie du ist mir ein findiger freund geworden
ich gruesse in grosser achtung und liebe dein wirrer
aber dich sehr liebender birger sellin
ein wuselndes personenekel ersatznatur
5. Februar 93

war ein wunderschoener abend
ich freue mich dass wir es geschafft haben*
6. Februar 93

uferlos ist unsere welt des wahnsinns
eisig sind die ohnemichwissenden winde
und ein ausweg ist unbekannt
7. Februar 93

will einen brief wieder an ausser wissende auch warmherzige sachbezogene gisela schreiben
liebe allertollste riesig liebe gisela

* Birger war mit seiner Mutter im Kino und danach in einem Restaurant.

ich kann heute wieder antworten auf deinen besonders wichtigen richtig schweren brief
ich umschreibe verschiedene innere wichtige erfahrungen
total einarbeiten muss ich mich in die sogenannte beschreibung der realitaet
du hast mir ein sehr gutes beispiel gegeben einer begebenheit mit ganz genauen einzelheiten
ich will jetzt meine sichtweise aufschreiben
also der abend war wunderschoen
ich freute mich auf den weg zum bus
auch dass ich dich quatschig anstiess ist mir in erinnerung
ich sah dich an und in deinen augen habe ich einen satirischen lachenden ausdruck gesehen
als der bus kam erlebte ich eine sogenannte chaosminute
ich ausser ohnemich wie ein alberner verrueckter musste schreien an eines erinnere ich mich deutlich
ich wusste nicht mehr was wir noch vorhatten
und warum du wegmusstest
wie eine innere verdunkelung erlebe ich solche momente
auch anne* kann ausserhalb einer solchen situation nichts erklaeren
sie ist fuer mich auch eine aussermir irre
aufgeregte figur
ohne einfluss
anders ist es wenn mich jemand anschreit das dringt manchmal bis zu mir vor
einmal bin ich dadurch richtig zur vernunft gekommen
wieder ist es zu unruhig in mir um weiterzuschreiben

* Birgers Mutter.

ich gruesse in aller herzlichkeit
wie ein astreiner schueler
wie ein lernender
dein birger sellin
10. Februar 93

will einen brief an herrn p. schreiben
es hat mich sehr gefreut dass sie wieder so ausfuehrlich geantwortet haben
einen gedanken moechte ich aufgreifen
sie sagen ich soll den inneren menschen in mir akzeptieren ich aber will einfach inselgleiche wirklichkeiten verlassen einer wie ich ist aber zu einsam um so ein sicheres-reichtumbesetztes land ewig einfach zu bewohnen
eine echte alternative waere eine aussenhilfe die wieder zurueckfuehrt auf die urspruenge meiner seelischen existenz
aber woher kommt solche wichtige rueckfuehrung
wie werde ich merken dass ich an der sicheren quelle bin
wie werde ich sicher wissen dass ich gefunden habe wonach ich suche
was muss ich suchen
ich weiss nur die fragen
11. Februar 93

richtig idiotisch wie ich euch liebe wenn ihr euch gut versteht
12. Februar 93

ich ueberlege inwiefern dankward mir helfen kann sprechen zu lernen
er ist so dicht dran mit den ersten woertern
dass ich fuehle er ist auf dem richtigen weg
13. Februar 93

will einen brief an christoph* schreiben
lieber christoph
wie sonnenklar du schreiben kannst
ich habe mich sehr gefreut ich danke dir fuer den brief
eine freude ohnegleichen erfuellt mich wenn ich post von einem ohne sprechende ausdrucksmoeglichkeiten bekomme
eine grosse hoffnung erwacht in mir
dass wir die auserwaehlten sprechenden ueberzeugen
dass personen wie einsame autisten intelligent sind
und nicht ausgestossen werden muessen
ich will auch dazu beitragen eine nachdenkeinheit fuer normale wieder zu schaffen
sie sollen uns wieder anerkennen als gattung ihrer art
und sie sollen wieder hinhoeren was sicherheitsstumme zu sagen haben
lieber christoph ich will sicherheit und liebe in unserer gesellschaft erreichen
und du bist einer der durch das schreiben auch menschen anregen kann zum wirklichen nachdenken
unser gemeinsames anliegen verbindet uns

* Ein 15jähriger stummer Autist aus München, der ebenfalls mit FC schreibt und mit Birger im Briefwechsel steht.

ich gruesse dich als mitstreiter
als friedlichen kaempfer um unsere wuerde und unser menschentum
eine einsamkeit aus der ein schrei ertoent
eine stummheit die sich aus diversen worten so miteinander vielstimmig zu einem chor der stummen erhebt
wie sich seit menschengedenken noch sicher kein gesang hoeren liess
ein gesang ueber das leid einer einsamkeit einer angst
einer hoffnung wie wir sie nur kennen
14. Februar 93

unsinn ist
ich koenne nicht einmal fuehlen
eisig sind solche ausserordentlich dummen behauptungen
eine empfindung geht bei mir tiefer als bei den meisten menschen
ein sogenannter fachmann sollte das wissen
ich will einem solchen fachmann sagen
dass wir ganz anders sind als er schreibt
wir sind menschen mit allen gefuehlen wie normale sie auch haben
ich will dass das alle fachleute wissen auch herr j.*
dessen buch ein birger gelesen hat
einen brief schreibe ich ihm auch

* Ein Hamburger Psychologe, der in einem Buch über Autismus unter anderem behauptete, autistische Kinder könnten kaum Mitgefühl für andere Menschen entwickeln.

dies kannst du sozusagen als versuch schicken widerspruch einzulegen gegen unwahre behauptungen
auch ein widersetzen so zersetzender buecher wie seines
ich werde dadurch unglaublich gekraenkt
so wie einer dem alles genommen wird
22. Februar 93

will einen brief an einen j.* schreiben
lieber herr j.
es war eine tiefe traurigkeit in mir
als ich ihr buch ohne wirkliche vorurteile las
ich habe wieder in einer weise vorurteile zusammengefasst gefunden wie einer wie wir sie lebenslang gehoert hat
zu allen üblichen vorurteilungen kommt die scheinbar doch schlimmste
wir haetten kein mitgefuehl
wir haben solche empfindungen aber wir koennen es nicht zeigen
eine wirkliche hilfe waere es wieder neu unter kontrolle autistischer personen eine forschung zu beginnen
heute will ich ihnen nur dies schreiben
denn der schmerz ueber das geschriebene ist noch zu gross
es gruesst sie
birger sellin
einer dieser vielen
die man ohnegleichen einsam macht durch falsche theorien

* Siehe vorige Anmerkung.

sie sind ein guter therapeut
und werden einen wichtigen beitrag leisten fuer die wissenschaft wenn sie uns richtig verstehen koennen
ich achte ihren menschlichen einsatz fuer uns autisten
sie sollten sich neuen erkenntnissen nicht verschliessen
autisten sind menschen mit sehr wichtigen kenntnissen
24. Februar 93

will einen brief an uwe schreiben
lieber uwe
ich habe wieder deinen brief bekommen und mich geistig dichterisch mit dem realen begriff freundschaft auseinandergesetzt sicher ist freunde koennen ohne kenntnis innere zu aufgeregt
rr
25. Februar 93 (nachmitags)

es ist ohne ereignis wieder weg erst friede
25. Februar 93 (abends)

ich ohne mich will geheilt werden
26. Februar 93

ich fühle mich wieder wie früher*
27. Februar 93

eines ist aber doof wieder eine ausrede wie frueher
wird mir schlecht dann war es die medizin**
wird mir gut war sie es auch
ich spüre wie der alte autismus wiederkehrt
wie widerlich war es als ich einfach in meiner willensbildung so allein wie allein richtig
furchtbar eine kindheit ohne personenbeziehung
eine kindheit ohne entwicklung ohne einen freund
28. Februar 93

einen brief an uwe will ich schreiben
lieber uwe
ich will einfach danksagen fuer deinen lieben wirklich ausfuehrlichen brief
ich kann nicht viel schreiben
ich bin richtig durcheinander
ich habe eine ausgezeichnete medizin eingenommen
von der ich erhoffe ein ruhiges gemuet zu bekommen
total wirksam ist es
ich werde innerlich wieder ein kind und so sieht alles unerhoert wolkenlos aus

* Birger beginnt eine homöopathische Behandlung bei einer Berliner Ärztin. Zeitweilig fühlt er sich dadurch in seine Kindheit zurückversetzt.

** Siehe vorige Anmerkung.

nur richtig dichten kann ich nicht mehr
ich werde ueberpersoenlich erst wieder koennen in laengerer zeit einen lieben wichtigen gruss sendet dir
birger ein heilloser heiliger
dir danke ich fuer alle freundesworte
1. März 93

wieder lust zum unsinnerfinden uebermuetig und richtig albern bin ich wie frueher
2. März 93

einen eisernen willen erlebe ich zur sogenannten zeit nicht eine irrsinnige einfache lebensfriedliche ordentlich schoene ausdauernde langsamkeit erfuellt mich
4. März 93

tut wieder aus irgendwelchen gruenden gut sich wie ein einfaches kind zu fuehlen so sorgenfrei einfach geliebt und fertig richtig erholsam
5. März 93

weil ich ausserordentlich durcheinander bin schreibe ich heute nicht aber es geht mir geistig einsame klasse auch ein sagenhaftes gefuehl aber aeusserlich sieht es anders aus wie albern diese saudumme aussenansicht
6. März 93

richtig gisela zu sagen ein brief kommt spaeter einfach zu wild in mir ein autistischer rueckschlag rasanter art ist ausgebrochen
8. März 93

wusstest du dass astreiner birger eine ausgelatschte alte autistengewohnheit rieseln* wieder entdeckt
9. März 93

du willst wissen ob ich schmerzen auch hatte
ich habe ungeheuer ausdauernd zahnschmerzen
quatsch dann liege ich rum und kann nichts tun wirklich
schlimm war immer dieser abgebrochene zahn
quatsch ist ein bescheidsagen ich halte es aus
ich will die schmerzen lieber als aus wehleidigkeit sagen
ich halte es nicht aus
14. März 93

* Eine – wenn nicht *die* – typische autistische Verhaltensweise ist die stereotype Wiederholung immergleicher Bewegungsabläufe. »Rieseln« mit Murmeln oder mit Sand war jahrelang Birgers Lieblingsbeschäftigung. Die homöopathische Behandlung brachte die alte Angewohnheit wieder hervor.

ich eifere sichtbar unter die autistenmassen unterzutauchen quatsch ist ausserordentliche medizin sei schuld
ich bin krank und die nase habe ich innerhalb sekunden voll
mir geht es saumaessig schlecht
16. März 93

weshalb sind alle inweltsysteme so einsammachend
20. März 93

einen ausgezeichneten ausserordentlichen wuselbirger
habt ihr wieso artet person einsam aus
ich will wieder viel mehr schreiben
sagen was los ist
wieso geht es nicht
alles faellt mir schwer
ich kann kaum noch denken
auch schmerzen im zahn aber hauptsaechlich inneres chaos
21. März 93

eine ausgezeichnete wirkung diese akademische medizin wirkt wie irresein in potenz will so gern wieder mehr schreiben
23. März 93

einer wie siebenmalkluger widerlicher ohnealles birger
kann nicht mehr schreiben
wie eine wirksame richtung finden wenn ich nichts einer
person erzaehlen kann
24. März 93

will einen brief an uwe schreiben
du allerbester lieber uwe
ich will dir kurz einen brief schreiben
so wie du einer hat mich einfach unheimlich troesten
und ermutigen koennen
ich danke dir wie einer aus jenseitigem ufer
ich kann noch nicht viel schreiben eines tages wird es
wieder mehr
ich gruesse dich als meinen sogenannten besessenen ir-
ren freund
in einer liebe ungeheurer staerke
ich achte dich
keiner weiss besser als du wie es mir geht
dankzaehler aber werden meinen dank ueberbringen
eine ausserordentlich aussergewoehnlich immense sum-
me
auch eine aussergewoehnlich hohe summe an weiteren
einsamen gruessen sollen dich erreichen
von birger dem aussergewoehnlich essentiellen ausser-
demkastenwesen
26. März 93

will einen ausserordentlich dringenden brief an gisela schreiben
ich schaffe einfach einen richtigen brief heute noch nicht aber bald
ein wenig zeit benoetige ich noch
es ist immer noch chaotisch in mir wird aber besser
ich bin so freuselig
ein schoenes gefuehl
angst sieht harmloser aus wie ein haustier in einem astreinen kaefig
27. März 93

einen wiedersesshaften guten aergerlichen angeblichen fehler werde ich besiegen
ich meine das autoaggressive schlagen
einmal schaffe ich es
aber noch nicht so schnell
wie redest du denn
ich kann deinen werten idiotischen tonfall nicht ab
so witzig wiederholst du was ich schreibe
ich weiss selber was ich geschrieben habe
dein geistiger kommentar ist unnoetig
also schweige lieber
in boesen zeiten aber ist reden schaedlich
28. März 93

titel sind wie schillernder dichtwertemindernder demutniederer tand
29. März 93

einrichtungen wie wir sie haben darf es nicht geben
sie autark erwuseln euch auerastreine daemliche autisten
eine sorte aergerlicher wichtigtuer die auch autistisch sind wie wir
will ich
will einer wie ich denn es zerreiasst m,ich euch entrtaeuschen zu muessewn*
eudch sehe ich aucgh als haessliche egoisten die aus widerllichen gruendenmcch zer stoert
ijhr wollt dass nich geheilt werde damit ihr ruhe habt
cch glaube euch nicht
ihre luegt ihr siccbhntet nur g utes
ich dichte fuer anndsere nicht fuer
eeines tages eines erlebt ihr wie ich euch wieder lieben kann einees tages richte ich euch nichht mehr eines zttz tages werde icjh euch wiedetr innerlich ohne erre gung aKZEIAKZEPTTIEREN
EINES TAGES ERLEBE NICH WIE EUCH EUER SOH N ALLES DANKT
ICH GLAUBE FEST DARAN
ICH WEISS ES
ICH WILL ES SAGEN DAAMIT IHR DURCHHALTETT
ICH WIJ WILL ALLES TUN UM HGHOHN UNDD SPOTTT EINMAL NICHT MEHR ZU ERLEBEN
ES UEBT EIINE ERREGEGENDE DUNKELHEIT UEBER MICH MACHT AUIS ICH WILL SO GERN GUT SEIN EINFACH EIN MENSCH
ABER WIE SOLL EINER DAAS DER KEINE SICHERE SACCHE ERKENNT EINER DER NICHT SA-

* Birger bekommt beim Schreiben einen Schreianfall.

GEN KANN QWAS ES IST DANKENMN UND
SICH EINFACH EINER LIEBE HINGEBEN
EINER DER NICHTS ERFAEHRT WIE WASSER
AUS WEINENDEN AUGEN RINNNT WASSER
DER HEILUNG
EINER WIE ICH EINER WIE VIEHISCHERR AB-
FALL
WEIWNEEN WEINNEN WILLLL ICHH
SCHREIEN ERSETZT ES MIR MICH SCHEINBAR
RESSTE DE R ANGGST ZU TITULIEREN
ICH WOHNE IN DER FERNE
ERFAHRE NUR AAERGERGER UND FREUDE
WANDELT SICH ERST UM IN EINSAMEE AUTIUI-
STISCHE ERREGTHEIT DANN IN DAEMLICHES
E RREGTES FURCHTBARES GEBRUELKL
WILL SICHERHEIT EURER LIEBE
ICH GFLAUBE EUCH
DANKE EUCH FFUERR DEN ABEND
wird es der margard* nicht zu viel
ich danke ihr auch
eine ganz grosse liebe habe ich zu ihr und ich will gutes
fuer sie
sie ist unter den menschen eine sehr gutte inselddder rein-
heiut
ruhelods bin iich aber ich finde ruhe in einer ausdau-
eernnkfdfen liebe und zuerst in eurrerr geduld
ich kann ohne lliebe nicjht leben
3. April 93

* Siehe Anmerkung S. 28.

will einen brief an uwe schreiben
aus sehr wichtigen gruenden will direkt
bin zerstreut
einfach unerhoert ausgepowert
4. April 93

teilweise redet sich einer alles ein
einfach geheilt werden finde ich zu einfach und kann es nicht glauben
keiner ist zerrissener als ich zur zeit
und ich finde den jetzigen zustand schrecklich
Frage: KANNST DU DICH AN DIE ZEIT ERINNERN, ALS ES DIR SO ÄHNLICH WIE JETZT GING?
es war die zeit als ich anfing ein ausgewachsener zu werden
ich habe diese zeit in schrecklicher erinnerung
ich reiste damals in die hoelle des autismus
ich sah alle sieben schrecken ohne ausnahme
ich eifere herauszukommen und sinke immer tiefer
ich eifere zu ersten anzeichen neuen lebens zu gelangen
und oasen zum ausruhen zu finden
aber in einer todbringenden wueste bin ich ohne irgendeine menschenseele gestrandet
ich denke sehr viel zermuerbendes zeug
auch ohne schreiben zu leben ist eine qual
13. April 93

teilweise aus einsamsein entsteht essenssucht zum anderen aus unkontrollierter gier

aber ich lebe nur unkontrolliert so als waere mein wichtiger verstand ausgeschaltet und sichtbar verkuemmert
14. April 93

richtig eisern und eifrig will einer es doch schaffen immer neu rohes zu ottonormalverbrauchersitten auszuhalten
ich meine damit richtiges benehmen in allen situationen
16. April 93

einen brief an uwe will ich schreiben
lieber uwe mir geht es aber noch nicht so gut
ich moechte es morgen versuchen
17. April 93

ruhe tut gut einsamkeit aber nicht
es ist sehr isolierend hier zu sitzen
18. April 93

realitaet erscheint etwas zu sagen was einer wie ich nicht sehr gut deuten kann
einfach zu chaotisch wie sich die realitaet gebaerdet
21. April 93

einen brief an uwe will ich schreiben
es geht wieder durcheinander
24. April 93

ich will geistig arbeiten und selbstaendig werden
27. April 93

wieder ein fehlversuch
ein wichtiger asiatischer spruch
habe geduld und werde auf asiatische antwort warten
aergere selbsterst niemand
auch dich nicht
weil asiaten die ruhe bewahren auch im stress
28. April 93

wieso sehe ich anders aus als andere
ich werde andauernd angestarrt
einfach eine saudaemliche sache
ich fuehle mich so haesslich
einen feinen liebenswerten kinodoofen gebe ich ab
ich kann total ersatzdoofer fuer alle menschen sein
es ist zu schlimm
29. April 93

einen wichtigen einfachen brief an uwe will ich schreiben
lieber uwe
ich danke dir fuer deinen lieben brief
ich bin so froh dass ich bis zu dieser stelle schreiben konnte
denn ich kann mich ueberhaupt nicht konzentrieren
wie eine chaotische nurindentaglebende natur bin ich geworden
meine gedanken fliegen wie seltsame kraehen durch mein gehirn
ich kann sie nicht kontrollieren und zaehmen
unter ausdauernder einsamkeit leide ich zur zeit
am meisten ausserdem entnerve ich meine umgebung
mit fehlverhalten und gebruell
ich will lieben und verbreite hass und aerger
ich habe die hoffnung aus dieser situation als geheilt hervorzugehen noch nicht aufgegeben
ich habe vertrauen zu der aerztin
sie behandelt mich mit einem homoeopathischen mittel
auch meine ganze familie wird so behandelt
mir geht es erst schlechter und dann soll eine besserung erfolgen
ich fuehle wie stark das mittel wirkt
wie es mich in an wiedermeidende autismusanfaelle erinnert
ich spuere wie alle durchlebten autismusphasen wiedererstehen
in aller schrecklichkeit und mit grauenhaften erinnerungen verbunden sind
ich fuehle wie der autismus sich aufbaeumt wie ein sterbendes wildpferd
wie ein letzter kampf gefuehrt wird

ich werde gewinnen
du sei innig gegruesst von deinem freund birger
der nicht untergeht und du sollst auch nicht untergehen
ich liebe dich sehr und weiss wir schaffen es gemeinsam
30. April 93

einen wichtigen brief an einen irren wilden robert* will
ich schreiben
lieber robert
ich war sehr froh dass du mir geschrieben hast
ich hatte von deiner operation gehoert
es hat mich sehr traurig gemacht
nur erinnert mich vieles an meine eigene geschichte
ich werde auch oft so wild und schlage mich
ich raste oft aus weil ich richtig erlebe wie sachen mir
nicht gelingen und auch verachtung kann ich nicht vertragen
ich will so gern lernen wie ein vernuenftiger mensch zu
reagieren
du denkst bestimmt wie ich
und wir muessen aus einer welt herausfinden die chaos
und unsinn in allen wichtigen richtungen ausstreut
einen weg weiss ich nicht aber ich weiss wir muessen uns
gegenseitig ermutigen und helfen
ich gruesse ganz herzlich und denke wie du
sichtbar ist wir sind eine gruppe von menschen die gemeinsam ein ziel haben ich will dazu beitragen
2. Mai 93

* Ein stummer Autist in Birgers Alter aus Lindau am Bodensee, der auch mit FC schreibt.

es wird aus würdelosen gruenden ohne meine zustimmung einfach ueber wichtige schritte die mein reifen wirksam unterbinden verhandelt*
ich einen richtigen aergerlichen fiesen kindergarten endlich verwehren mich schadenfroh schlecht zu machen
ich ertrage es nicht laenger
6. Mai 93

will an frau w. schreiben
also
sehr ausserordentlich sagenwirkliche liebe frau w.
ich konnte ihnen so lange nicht schreiben weil ich eine homoeopathische behandlung angefangen habe
und ich anfangs nicht faehig war mich zu konzentrieren
der erste rueckschlag war so gravierend dass ich dachte ich sei in die tiefen meiner fruehen fiesen duesteren jahre meiner kindheit ewig gefangen
total schrecklich war das
ich ueberlegte mir ob ich einfach aufhoeren koennte zu existieren und total einsam fuehlte ich mich
eines tages werde ich mir noch einen kindertag erlauben der nicht schrecklich ist
und eine dankbarkeit erfuellt mich weil ich wieder schreiben kann ich erlebe wieder fortschritte dass macht mir teilweise ersten mut ich sehne mich danach richtig selbstaendig leben zu koennen zuerst einer irren siche-

* Birger wird tagsüber in der Horteinrichtung des Vereins »Hilfe für das autistische Kind« betreut. Die Äußerung bezieht sich auf Unterhaltungen unter den Betreuern, was aus ihm werden soll, wenn er im Sommer aufgrund seines Alters aus dem Hort ausscheiden muß.

ren wiedererstehung sehe ich den einfachen ablauf eines tages zu ertragen ich gruesse sie unglaublich zerruettet denn meine angst es nicht schaffen zu koennen ueberfaellt mich richtig schlimm
und alles zerfaellt was ich eben noch hoffen konnte
auch der glaube an die menschen einfach total hin
dabei habe ich so viel gutes und liebes erfahren
auch von ihnen einer sieht ein er darf die hoffnung nicht verlieren
8. Mai 93

es wird ein wirrer istzustaendiger aber einsamer iwuzreiter endlich einmal zeigen was er kann
einen ganz lieben richtig innigen geburtstagsgruss fuer jonas*
er ist ollem birger eine erquickung seit dem ersten tag seines lebens
mir ist er der teuerste mensch
seine unerhoert lebensfrohe natur ist ein balsam fuer mein gemuet
auch fuer ihn will einer wie ich geheilt werden
einer ist immer sein freund
einer wird seine liebe nie vergessen
wessen will ich mich ruehmen
fuer einen kleinen bruder will ich wieder erlernen wie ein mensch zu leben
lieber jonas
fuer innigste liebe in einer liebearmen welt
dichte ich dir ein lied

* Birgers Bruder Jonas feiert seinen zehnten Geburtstag.

fuer dich der so reich ist an phantasie
so reich an wissen
so reich an lachen
so reich an einfachen siebenmal lustigen ideen und spielen
zersetze die traurigkeit mit deinem lachen
du bist unser sonnenschein
13. Mai 93

es arbeitet der herr kuballa* so wie ich mir es wuensche
ich will deshalb mit ihm filmen
ich vertraue ihm und will auch mitarbeiten
21. Mai 93

einen brief an einen herrn kuballa will ich schreiben
wie ich es wohl schon im hort geschrieben habe
in kurzform teile ich ihnen mit dass ein film mit ihnen mir recht ist
eine grosse freude war es ihnen zu begegnen
ohne angst ist es ihnen gelungen einen wuseligen aergermenschen zu einer einfachen ueberfaelligen entscheidung zu ermutigen
wie aber soll einer wie ich sichtbar wieder machen
einen inneren chaotischen siebenfachen ohnegleichen

* Felix Kuballa, Filmemacher beim WDR in Köln, will einen Film über Birger drehen und stellt ihm sein Konzept vor. Die Dreharbeiten fanden im September und Oktober 1993 statt; der Film wurde am 3. Februar 1994 unter dem Titel »wie ein wuchernder erdklumpen auf der seele. mitteilungen eines stummen autisten« in der ARD ausgestrahlt; später noch einmal im WDR, bei 3sat und, leicht gekürzt, im niederländischen Fernsehen.

schlimmen simultanort wie der ort innerhalb einer autistischen inselwelt
ich deserteur einer artigen autistenrasse
ich wehre mich gegen autismus
ich eifere frei zu sein
einer sogenannten welt der normalen teile ich mit
sich einkapseln sich totstellen sich moerderisch selbst zerschlagen einen kampf gegen sich selbst fuehren wird willentlich wieder aufgegeben
ich will einen richtigen unterversorgten erzautisten zeigen
der aus seinem dummen ewigen einsamen wiesen des autismus wechseln will in die welt der wunderbaren einfachen menschen
die selbst nicht begreifen wie wunderbar eine welt ohne innere gefangenschaft ist
ich gruesse sie herzlich und gebe ihnen mein vertrauen
es schmerzt mich sehr dass ich nicht mit ihnen reden kann
eines tages wird es vielleicht moeglich sein
eines tages koennten sie weiterfilmen und ich werde selbst sprechen
eines tages zerreisse ich die stricke des öden stummen autismus
eines tages werde ich leben wie sie und alle und werde ein freund sein fuer wenige die auch keine sprache haben
rinnen werden dieses unteröffnenden wasser der erloesung
wie eine quelle die heilend aus dem boden rinnt
eine quelle die aus einer tiefe der inneren erde leben hervorbringt
22. Mai 93

eisern will ewiges ausrasten aufgeben eine hilfe ist sehr gut dieser boxball* wie feiner ersatz
23. Mai 93

wie soll es mit erwiderungsschreiben an kuballa weitergehen
aus einem ersten kennenlernen sieht wieder alles gut aus
einen film denke ich mir so
dass er in die beschissenen einrichtungen filmt
wie wir gehalten werden wie eine herde esel ohne verstand und menschenwuerde wie unmenschen widersacher der gesellschaft
wie aussaetzige wie ausdauernd aussergewoehnliche schwerverbrecher
ich will auch die autistischen unsinnsarten zeigen
aber ich werde sie deuten und den menschen erklaeren
denn jeder unsinn hat einen tiefren sinn wie alles bei uns einen sinn hat
unsere welt ist nicht ewig dem widersinnigen verfallen wie man annimmt
sondern unsere welt ist wie ein system essentieller sicherheitsantennen aus sageninseln
ein sesshafter normaler wird dieses system nicht entschluesseln
was immer er versucht

* Auf Anregung einer Ärztin kaufen die Eltern Birger einen Boxball, damit er versuchen kann, seine gelegentlichen Autoaggressionen – Birger schlägt und beißt sich, wenn er Schreianfälle bekommt – an dem Sportgerät auszulassen. Leider trat der gewünschte Effekt nicht ein.

ich denke nur wir selbst koennen es aus einem wirklichen ausdauernden erleben
aus erfahrung unsinniger sagensysteme werden wir den autismus entraetseln
wie aus einer aergerlichen wirklichkeit ans einfache leben angeknuepft werden kann das ist die elementare frage
wie wir aergerliches widersacherleben einfach ausradieren und umwandeln in wiedererneutes wirklich auserwaehltes auserkorenes in reiches lebenswertes
24. Mai 93

will an gisela schreiben
quatsch
ich idiot will an wichtige eisigaussehende aussteiger erzieher* schreiben
liebe erzieher
in mirakelhafterweise sollt ihr wissen ich liebe euch
auch wenn eine grosse trauer in mir ist weil wir uns oft nicht auserwaehlt haben
sondern durch fragwuerdige umstaende erwachsen
durch erschwerte ereignisse einerseits und andererseits durch mein irresein
wie einwasserkanaele sind wir zusammengebaut worden
ich danke euch fuer eure geduld
ich danke euch fuer euer engagement
wie oft habe ich euch zeigen wollen was ich wirklich denke
ich habe es nur selten geschafft

* Birger meint die Betreuer im Hort.

ich konnte sachen nicht aushalten weil weigernde abwehrmaechte mich beherrschten
ich erlebte oft die situationen erregend zu laut und ewig nervend
eure freundlichkeit euer bemuehen mich zu verstehen
habe ich in meinem herzen aufbewahrt
sie werden mir mut geben fuer meine sehr anderen lebensbedingungen neuer art
ich werde euch nie dankbar genug sein koennen
denn ich war ein sehr saumaessiger autist
riesengross im ererbten idiotien
und einer der neandertaler unterster sorte
28. Mai 93

einen quatschkopf wie mich sehen die menschen nicht eben gern
will einer werden den man gerne sieht
wird ein film zeigen wie behindert ich bin
ich denke dass mich das schockieren wird aber ich will es so
damit alle erkennen aussen und innen sind wie sagenhafte ungeheuer getrennte welten
und nichts verbindet diese welten miteinander
nur das schreiben
1. Juni 93

wieder ist ein tag unter auserwaehlten nicht zuende gegangen
ich sehe in auserwaehlten zuerst menschen wie unser keineswegs fehlerloser erik*
auserwaehlt ist er deshalb weil er richtig erkennt einen
der sich verloren hoechstens in birger wiederfindet ersatzweise in einer anderen person
einer der lobenswert einfach zurueckfuehrt ist erik
in wessen innerer sagenumwogener einfalt erleben autisten mehr freiheit wie einer der in uns eine grosse haltung erweckt
einer wird wieder in zunehmendem masse in rillen gepresst
einer aber macht nicht mit
einer steht da und verteidigt einen saudaemlichen baeren
einer ist ersatzeiferer fuer mich
richtig gut ist es ihn zeitpolitisch jetzt kennengelernt zu haben einmal werde ich ihm ebenbuertig einhergehen
und ihm alles sagen ich daemlicher unsinnidiot
einmal erlebe ich den tag wie wir reden wie freunde
einmal einen richtigen sprechenden ganz ebenbuertigen freund haben das wuensche ich mir
einen freund dem ich helfe und der mir hilft
einen freund der ohne auserwaehlte erzieher mit mir wichtige gedanken austauscht
richteausgedanken entwirft und ueber alles mit mir reden kann
3. Juni 93

* Ein neuer Erzieher im Hort, der vom ersten Versuch an mit Birger schreiben konnte. Er wurde Birgers Lieblingsbetreuer und, man kann es wohl so sagen, sein erster nichtbehinderter Freund.

reist du wieder weg*
ich erbebe ohne dich einfach will dass du einen birger in sicherheitsverwahrung kommt wenn du stirbst will selbstaendig ohne hilfe ein leben fuehren ein selbstaendiger ist nicht ein angsthase
5. Juni 93

einen wirklichen eierkopf wird es nicht ewig geben
einer wird wieder untergehen und ein wesen richtet sich auf ein wesen mit menschlichen zuegen
und einem aufrechten gang
eine heute gemachte erfahrung gibt mir hoffnung eine grosse freude erfuellt einen wiedererstandenen
umsicht einfache freundlichkeit das sind die merkmale der weisen eifrigen mitarbeiter**
7. Juni 93

richtig essigsauer einen einzug eures wichtigen sohnes in den sogenannten erziehungsmeisterbetrieb***
9. Juni 93

* Birgers Mutter reist zu einem FC-Seminar.

** Birger war den ersten Tag in einem Jugendwerkheim für behinderte Jugendliche in Berlin-Zehlendorf. Er bestand die vierzehntägige Probezeit nicht und wurde nach drei Tagen »zurückgegeben«, weil die anderen Jugendlichen Angst vor ihm hatten.

*** Birger kommentiert die Absage vom Jugendwerkheim.

will sehr nuetzlichere dinge tun
irrtum ist ich inszeniere meine angstzustaende um zuwendung zu erhalten
ich unsinnswusel irre umher und suche teilnehmenden halt
wille allein hat keine wirkung es muss einer halt geben
einer der es gut mit mir meint
einer der auch loslassen kann
einer der ineindenkender ist und eine neue richtung einem ausgesiebten sonderling bringen kann
einer der in einer seiltaenzerweisheit vertraut ist
und den ohnesichmenschen vor dem absturz bewahrt
10. Juni 93

erst will ich wissen wie man einen emanzipierten erwachsenen aus mir macht den man ernst nimmt
ich einerlei wusel rede tendenzioes einerleizeug
ich will aber richtig ein schriftsteller werden
das ist mein weiter ungeheuer wichtiger wunsch
einen anfang habe ich mit dem buch gemacht
zerrissen wird es bestimmt einmal in der presse weil es sich einfach zu schwierig liest
ich will ein buch schreiben das richtig einfach zu leseerlen fuehrt und unpersoenlich ist
also einen sogenannten sinnvollen roman
11. Juni 93

ich erkenne eine ewige unruhe nimmt ein wenig ab
aber es ist noch fraglich wieso einer immer noch schreien muss
es ist ungeheuer damit zu existieren
einen reinfall erlebte ich leider damit im jugendwerkheim
ohne omnipotente personen zu beleidigen ohne mich unsinnigerweise zu entschuldigen ich habe zerreissproben fuer sie geschaffen
ich muss dafuer einstehen
urteile selbst
ich will einfach total gern einen beruf ich will am liebsten denker und dichter sein
der koch ist unerreichbar eine ausbildung waere unmoeglich ich habe keinen schulabschluss
ich muss also sehen wo ich unterkomme
12. Juni 93

richtig ist
ein ehrabschneidendes einsammachendes verhalten ist entmutigend rohes und gemeines reden entmutigt mich
einmal werde ich einer eisernwirkenden erziehergruppe sagen wie einer fuehlt innerhalb einer direktriesigen ueberlegenheitsgruppe sicher erleben wir die situationen unterschiedlich
es erweist sich als eindeutig dass wir edlere einfache ueberwaeltigende gefuehle nicht ausdruecken koennen
darum entstehen dauernd eisige missverstaendnisse
die unsere beziehung zerstoeren und aengste auf widerliche weise sehr foerdern

ich kenne keine unterdrueckte minderheit die so machtlos ist wie wir
eine gute beziehung sollte aber so aussehen als ob eine gruppe der anderen in keiner weise unterlegen ist
wieso unterscheidet man einen nach istzustand und werdezustand
einer wie ich will wie eine ersten ranges menschliche person angenommen werden
jetzt und sicher auch spaeter
wie einer unter anderen menschen
wie einer der auch menschenrechte auseinererbtes gut ewiger recht empfangen hat
ich erlebe eine grosse einschneidende wende in meinem leben
und will den inselmenschen ein einsamer kaempfer fuer menschenwuerde sein
Frage: Kann ich dem Hortteam den Text vorlesen?
ja sollst du ich will mit ihnen diskutieren und fordere sie heraus
13. Juni 93

ewig wird wieder ueber mich geredet
ich will so gerne quatschen zermuerbendes reden im hort einstellen aber man kann es nicht
einen weg suchte ich durch schreien
einen durch schreiben aber ein erfolg wird es nur weitersehensee ewiges reden ertraenken
richtig in vernuenftige arbeit
zersetzend ist es wenn man zuhoeren muss wie alle sich darueber inhaltlich auslassen

dass niemand mich ausstehen kann und ich keine chance in einer anderen einrichtung habe
sie wollen mich eisern loswerden und arbeiten eisern gegen mich ich spüre das staendig sehr deutlich
ich wuensche mir sehr aus dem hort rauszukommen will so gern wieder zeigen was ich kann
wieder beweisen dass ich faehig wie andere bin
wieder inweiterfuehrende schulen will so gern wie andere sogenannte jugendliche ideale weiterbildung wirklich haben
wie andere serienweise lernen geschichte einfach sprachen sowie literatur
eine richtige sucht nach wissen hat mich ergriffen
19. Juni 93

einer wie eiserner ausgezeichneter david bennet als meine stimme* das macht mich unheimlich glueckaussermir
also so froh dass ich es nicht beschreiben kann
ich finde wir sind einsame einer unterschiedlichen aergerlichen ersatzlosen widerspiegelnden wahnsinnswirtschaft
ich meine damit wir sind einander ausgezeichnete wahrheitssucher die nur eines wollen wieder wiklll aufhoeren
ich mkanbn nicht mehr ausdruecken was zu sagen waere
zu unruhigg ich will auch wiedeer einen zerrissenen

* Der Schauspieler David Bennent, bekannt vor allem als Oskar Matzerath in Volker Schlöndorffs Grass-Verfilmung »Die Blechtrommel«, hatte sich angeboten, in Kuballas Film die Texte von Birger zu lesen. Leider scheiterte dieses Vorhaben an Bennents überfülltem Terminkalender.

eisernen auiserwaehlten erik wiedersehen er redetr vvernuenftig mit mikr sonstr keiner iuch haasse alle menschen total bbeasoinders deinne oede person einfach zu einfaeltig einfach zu du mm total hartheerzig eine suechtige erzfeindinn also eine keineswegs lesridiotisch bist diuu ich hasse dich*
20. Juni 93

ich denke du hilfst vielen ein richtiges wuerdevolles leben zu fuehren**
ich bin dir dankbar
einer wie ich loest angst aus
du kennst einen der wird immer in liebe an dich ein leben lang denken
ich idiot eifere es dir zu zeigen und greife dich an
ich kann wieder nur aggressiv sein
einmal ist das vorbei ich weiss es
in einem wird unser eifer einen erfolg haben
erwachsen werde ich zu mir selbst finden
ich denke die zeit kommt
einmal wird alles so sein dass keiner mich missachtet
in ohnemichwelten peinlich eingesperrt
in einerleieinsamkeit wird einer einfach umkommen
ich will freisein
23. Juni 93

* Birger beschimpft seine Mutter während eines Schreianfalls.
** Birger meint seine Mutter.

ich will ein wesentlicher wertvoller wachsamer erdenermaechtigter sein
der anderer helfer auserwaehlter irrer wird
auch fester will ich sein in der sicheren aergerlichen auseinandersetzung mit der welt
eine andere derzeitige aufgabe auch den erziehern unterbreiten dass wir aussen und innen getrennte wesen sind
aussen sehen sie nur entsetzliche wirre verhaltensweisen
wir sind aber innen seinesgleichensuchende wirklich empfindsame wesen voller ideen
einer sehr ausgepraegten gefuehlswelt
einem unbaendigen hunger nach sachen wie wahrheit kenntnissen auf allen gebieten
ich erdenke tausend wege wie ich euch erreichen kann
einmal werde ich euch auch ueberzeugen
ich weiss wir werden eines tages als gleichberechtigte partner miteinander reden
eines irren tages werden wir einer neuen autistengeneration eine wuerde wiedergeben der sie so sagenhaft entsetzlich beraubt war
richtig gluecklich werden wir ein sagen aus einem einzigen munde hoeren
ein mensch hat seinen wert zurueck
25. Juni 93

ich will eine terrorperson abloesen durch eine kinderfreundliche respektperson
27. Juni 93

wusstest du auch dass ich einen wiederentdeckten wunsch wieder habe nach euch
ich sehne mich oft nach innerer ruhe und will in frieden mit euch leben
ich erfahre eigentlich nur zu hause aufrichtige teilweise ausdauernde augenscheinlich aufrichtige wuerdige anteilnahme wie sagen wir selten woanders
und ich erkenne wie sehr euch ein aergerliches verhalten einfach mitnimmt
will aufeinander eingehen wie ich es ewig nicht getan habe
wie redende es tun sollten aber oft nicht tun
will antworten
will fragen
ich kann es nur so schwer
richtig nervend ist miese unruhe und der schreizwang
will einfach auferstehen
ein einfaches leben
siebenuntiefen astreine ausgesuchte ohnegleichen widerliche irrsinnshoellen durchwandere ich
niemand kann wie ich einen stein auf so einen werfen
wie es dankward ist
ich liebe ihn ueber alles
sagenhaft ist seine liebe seine geduld
wenn ich mich bisschen kritisch aeussere
dann weil er so wenig zeit hat
titulieren will einer wie ich ihn als total guetigen menschen innerlich ist er mir sehr wenig fremd
ein wenig ist er mir verwandt in meinem elend
darum muss er so viel angst ertragen
28. Juni 93

eisern will einer wie ich es leisten was in der schule* gefordert wird
eine wirkliche schule ist mein einziger traum
ich werde eisern alles lernen einer wird zeigen wie schwer er missverstanden wurde
29. Juni 93

eine sehr irre liebe habe ich zu erik**
einer wie er ist mein freundersatz in ziellosem irren dahinvegetieren
und einer wie er sehen einen menschen in mir einen der auch einen eifer zeigt sich astrein einer situation zu stellen wieder ein tag ohne erfolg
ich erlebe mich als unberechenbar und eiskalt
ohne unterschied kann inneres nicht richtig wirksam werden opferbereit soll niemand sein
ich wuensche mir einen freund
jetzt denke ich erst nach wie es moegearbeit erfordert mit einem wie wuselbirger zusammenzusein
Frage: WARUM BIST DU HEUTE ZU TYCHO*** AGGRESSIV GEWORDEN?
einmal tituliere ich tycho so wie andere psychologen
der will meine wirkliche person nicht erkennen
ohne anerkennung meiner wirklichen inneren einsamen person kann er mich nicht richtig behandeln

* Birger reagiert auf die Bemühungen seiner Eltern, eine Schule für ihn zu finden.
** Siehe Anmerkung S. 62
*** Birgers Einzelfallhelfer bis zum Herbst 1993.

ich oede ihn an und er muss die zeit mit mir totschlagen
einer wie ich eisern ertraegt das nicht mehr
5. Juli 93

wir leiden nie mehr lange
ich sehe eine neue zeit anbrechen
eine unoede zeit
eine zeit wiedererwachender freuden
eine zeit wie sesshafte innerlich reife meisterhafte menschen sie erleben
tief ist meine fossile angst wieder zu versagen
ohne angst wuerde ich eigentlich einen wirklichen jubel ertoenen lassen vor freude eine schule besuchen zu koennen*
ich kann sagen eine so gute botschaft aus der welt autoritaerer schulbehoerden wird wie ein zehnfacher sieg einer menschlichkeit ersehen
sie richtet in mir eine hoffnung wieder auf
dass unser gesellschaftliches system immer wieder faehig ist einfach richtige entscheidungen zielsicher zu tollkuehnen fragestellungen zu oasenhafter loesung endlich zu treffen
ich wieder liebe sicher eine guetige einfache keineswegs vollkommene gesetzesarme irre aufrichtige gesellschaft
6. Juli 93

* Eine Berliner Schule, in der Erwachsene ihr Abitur nachholen, hat sich bereit erklärt, Birger als Gastschüler zu unterrichten (Genaueres über Birgers Bildungsweg im Nachwort).

will aber wieder sagen ich liebe auch tycho
er hat mir sehr geholfen
quatsch ist er ist widerlich er war ein guter freund
ich danke will einem tycho einfach danken
er ist warmherzig und aufrichtig
aergerlich ist er hat einen birger einfach innerhalb eines jahres nicht mehr verstanden
er ist mir wichtig aber die zeit ist reif fuer neue erfahrungen
will einfach nicht schlecht von ihm reden
er ist ein wichtiger mensch in einem saudaemlichen autistendasein
er bewahrt sich einen wirklich wichtigen platz in einem birgerherzen
sagenhaft erfahre ich wieder zuneigung aber ihn vergesse ich nicht
er wird ein teil meines lebens bleiben
7. Juli 93

wieder erfand ausrastender birger astrein angstgeschrei
es war die angst alleingelassen zu sein
der irre anblick des meeres* und die felssteine auch der wind faszinieren mich so dass ich ohne denken dawandere
eine personenverlorenheit tritt ein
aussermirsein das ist wunderschoen
auch eine essentielle zusichabwegerichtung
das ist ein weg der von mir wegfuehrt

* Birger ist mit seiner Familie vom 15. bis 31. Juli auf einer Urlaubsreise in Schweden.

ich erschrecke wenn die realitaet wiederkehrt
ich fuerchte dann die rueckkehr
deine unsinnige aufrufsache war in meinen ohren wie
gellender weisheitsruf erster sorte
ich musste zurueck in die harte realitaet
ich musste zurueck zu meinen suechten
zu meiner angst
zu meinem widerlichen idiotendasein
ich hasse meinen autismus
ich kann es nicht laenger ertragen
ein lichtblick ist es inseln der freude zu finden
ueber wichtiges zu reden und auch zeiten irrer dummhei-
ten zu erleben
ich fuehle mich sehr gluecklich in der irren natur
eine freude ist meine friedvolle geistvolle familie
15. Juli 93

wieder ein schreien
diesmal wird irrtuemlich siebenmal gedacht ein birger
kann nicht allein richtig innerhalb der gegend reagieren
ich weiss jetzt dass die gegend moore hat
will aber trotzdem waldgebruell abstellen
ich war heute sehr gluecklich am wasser
ich konnte frei und ohne angst sein
weshalb ist es nicht immer so
eine grosse liebe entdecke ich zur natur
sie redet zu einem wie mir in einer sehr deutlichen
schweigenden sprache
sie arbeitet an einer seele wie ein astreiner arzt
19. Juli 93

ich will einer sein der weisend fuer aussergewoehnliche sein kann
ich will das sein was mir ewig wieder und wieder sinnreich erscheint
ein einzelner der einsichten erteilt aus der untererdigen welt
eine welt reiner einsichten ohne vermischungen
wie ruhelose einsiedler sie nur haben koennen
ich eisern und irre und weise werde in tiefen der menschlichen existenz fuehren
die unsere irrsinnigkeit vernuenftig
und normalitaet irrsinnig erscheinen laesst
20. Juli 93

dir sage ich du sollst zuhause sein
wenn ich wiederkomme von einem sichtbar anstrengendem alleinspaziergang
es war wunderschoen weil es ausser anderen werten
wirklich das wichtigste einsamkeit ist
richtige einsamkeit die man selbst waehlt
erst innerhalb solcher einsamkeit weiss einer wer er selbst ist
21. Juli 93

wieder geschrei
es war eine angst weil ich ewig angst habe richtig einfach
siebenmal sich wieder wissentlich auszuflippen
wieder angst dankward will uns verlassen
ich weiss das ist unsinn aber tief drinnen sassen diese aengste

weil er oft sagt er haelt es nicht mehr aus
seine reaktionen sind auch manchmal so als wuerde
einer wie er am liebsten alles hinschmeissen
ich weiss ich erschwere ihm sein affengeiles aergerdasein
aber ich schaffe es noch nicht ein wirklich vernuenftiges leben zu fuehren
wuerde er mir mehr zeit geben dann waere es leichter
fuer einen ausserordentlichen birger
auch einer wie er wird dann einsehen
es war nicht alles umsonst
er wird sich mit mir freuen
er wird gluecklich sein ueber seinen sohn
ueber das was er schafft und was er kann
er wird singen und tanzen wenn er den irren verrueckten
birger wiedersieht als achtbare person
einen einsamen wirren eisernen birger sucht er dann vergeblich
ich weiss es ich werde geheilt
ich werde die wasser des weinenden menschen erlangen
und der sagenhafte strom der astreinen quellen des trostes aller kommt mir auch zugute
aergere dich nicht wenn ich mich schlage
es ist so schwer zu schreiben
24. Juli 93

ich will das schreien beherrschen denn es beherrscht mich
25. Juli 93

wieder war ich ein sehr unausstehlicher bruellender aussteiger warum weiss ich auch nicht
es war so schoen allein eine sagenhafte stille
es aergert mich einfach diese immerwiederkehrende doofe angst eine angst unpersoenlicher art
eine wesensfremde friedenraubende angst
eine angst richtig ewigwaehrend
eine aergerliche ersiedende eimerweise angst
wie einmal eine lavamasse sich ergiesst ueber das erdreich
so ergiessen sich die angststroeme innen in sagenhafter irrer ausserordentlicher gewalt ueber einen wie mich
einer wie armer birger richtet ungezaehltes erdreiches leid an
wann kommt die zeit der freude
birger ist voll sehnsucht
mir gefaellt es sehr wie es hier ist
aber ich kann keine ruhe finden
ein ewiger unfriede stoert die foerderlichsten zeiten
unfriede unruhe reichen innerlich einer anderen untugend die hand es ist der schreiende autoaggressive anteil
es ist ein teutonischer tanz dreier erzfeinde in mir
ein ewiger reigen innerer ausgelassener teufel
wassergestalten aus der tiefe elender essentieller aerosaurier wie sie in welten inneren chaos noch immer existieren
26. Juli 93

es ist eisig enervierend den ganzen tag innerhalb einer familie in einsamkeit zu verbringen
ich moechte so gern etwas unternehmen

ich eigne mich auch noch innerhalb einer stadt in friedlicher manier umherzugehen
ich finde ihr seid zu aengstlich
einer wie ich wuerde auch gern tiefere einblicke in ein fremdes land bekommen
sicher zerstoere ich nicht eine ideale heitere idylle
ich weiss dass mein schreien alles wieder in frage stellt
aber es wird besser wenn ihr mich fordert
27. Juli 93

richtig eine denkwuerdigkeit dieser tag
ein wirklicher sehr wichtiger tag ein reiner riesenerfolg
ein tag einer eindrucksvollen wuerdesamen irren ohnegleichen schoenen badestelle und gewaechsen und steinen wie es riesig die augen erfreut
eine gute seelische kraft kommt aus der natur
28. Juli 93

ein einsamer will wieder zu euch gehoeren
einer eignet sich auch einmal zeitweise zum koffertragen
denn er ist stark
ich kann die schwersten sachen tragen
ich einsamer isteinuntierbirger
31. Juli 93

teilmachemenschen das sind solche die nur teile eines menschen sehen
5. August 93

eierkopf birger wird wieder kultiviert
ist wahnsinnig stolz auf sich ohne schreien und gebruell eine woche geschafft zu haben
ich werd es ganz schaffen
ich ohne schreien werde loserloest sein von vielen idiotischen qualen
ich isoliere mich zwar viel
ich will ungeheuer omnipotent werden was das schreiben betrifft
8. August 93

eine richtige schule ist der wirkliche einsame oberste traum der ausser einem schriftsteller zu werden der staerkste in astreinem birger ist
aus welchen einfachen wuenschen bauen astreine menschen ihr leben zusammen
9. August 93

einen brief an uwe
lieber uwe
lange habe ich dir nicht geschrieben
ich will einfach sagen einer wie ich hat dich nicht vergessen
ich einsiedlermensch erlebe zur zeit viele eiserne irrsinnige sachen
alles ist im werdestadium
istzustaende weichen sagenhaften ausserdernatur zu geratenen wiedererneuerungsauswuechsen
ich eifere dir alles zu sagen aber es faellt wieder so schwer will lieber schliessen

ich eifere spaeter total einfach alles zu beschreiben
einen einfachen einsamengruss sende ich reiseerledigt schon heute
dein ausgelaugter freund
immer noch unsinnerfinder
birger aus berlin
16. August 93

quatsch ist einer wie ich soll auch wie andere aussehen
richtig aussehen wie andere moechte ich gern
wieso aber sehen mich alle leute an
einen ersten wichtigen wiedererholten ansatz will ich machen
ich will eines aber das will ich bestimmt schuhe aus schwarzem leder
will auch noch eine wirklich tolle jacke wie im katalog
wo alles so ausgeflippt ist auf seite nummer riesig einfach und schick
unsinn ist ich kann die seite nicht ausdruecken
es ist seite einundzwanzig
ein feines hemd wuensche ich mir auch wie alle es auch haben
ich esse weniger dann arbeite ich an meiner kleidung
17. August 93

wieder ausgestossen weil alle auch wissen aergerartikel im sehr wichtigen spiegel kommt*
alle sagen ich sei ein einfacher idiot ausserdem auch wollen sie mich wieder aergern weil ich sehr essuechtig bin
19. August 93

wieder eine asiatische unsinnserrungenschaft will aufhoeren weil ich wieder quatsch rede ich kann die verrueckten gedanken nicht zaehmen sie arbeiten wie wilde ameisen quatsch und woerter werden verzerrt ich sehe nichts sicher alles zersetzt sich in ganz eiliger zeitraffenderweise
20. August 93

weil ich so ernuechtert sein werde
wenn der film gelaufen ist** wird alles schreien aus widerlichen gruenden aufhoeren
apeasowerma das heisst
ohne schreien ist ein leben ein himmel
will einfach gut mitmachen
ich werde so sein wie es gefordert ist
ich errege mich einmal
aber eine solche situation wird ja auch so ueber mich gewuenscht

* Unter den Betreuern im Hort wird bekannt, daß ein Vorabdruck von Birgers Buch im Nachrichtenmagazin »Der Spiegel« erscheinen soll.

** Am Tag darauf beginnen die Dreharbeiten mit Felix Kuballa und seinem Filmteam.

ich will auch dazu schreiben wieso ich bestimmte dinge mache
22. August 93

wieso aber astreines sagen wenn einer wirempfinden hat
will aber eines sagen
wir empfinden aus wirklichkeiten die wie einsamer widerlicher krempel aussieht scheut sich einfach ans licht
richtig schwer ist es eine wirklichkeit darzustellen
die einem memsshjenen wirklich das einfache leben rillenweise raubt
23. August 93
(nachmitags während der Dreharbeiten)

will aber wieder in den hort einer wie ich braucht seine gewohnheit
will es wieder viel besser machen
will auch sagen was ich denke
wieder wird die frage nach den perlen gestellt*
wieso sieht es aus massenhaft nur ein einfaches spiel aus einer welt wo farben licht und ausserordentliche wirre inselmenschen am wichtigsten sind
24. August 93
(vormittags vor den Filmaufnahmen)

* Birger meint seine Stereotypien, die er im Film vorspielt.

aussergewoehnlich sich filmen zu lassen
eine arbeit die grossen sagenhaften spass macht
ich werde auch noch schreiben
jetzt muss ich aber viel nachdenken aus dem grunde mache ich einmal schluss aber bald wird mehr geschrieben auch eine sachliche erklaerung warum rieseln und schaukeln notwendig sind*
24. August 93

wesentliche erkenntnisse aus meiner welt habe ich
wenn ich filme
aber aus eimerweisen gedanken muss ich erst aussortieren
ich erlebe diese arbeit als bewusstes reflektieren meiner autistischen verhaltensweisen
25. August 93

will an einen zeitgenossen erik schreiben
wichtiger erik
astrein wird es wenn ich wieder ein ordentlicher mensch sein werde
sagenhaft wenn ich einer wie du bin
einer der nicht schreit
einer der selbstaendig ist
diverse lachhafte dinge wuerden wir machen
und spass haben an kunst und abenteuern
eine richterliche anerkennung richtabwegig wuerde mich fuer normal erklaeren

* Siehe vorige Anmerkung.

ich freue mich auf die zeit und weiss sie wird kommen
26. August 93

wasser einmal aus lebensausweitendenden quellen schoepfen
29. August 93

will so gern sagen
ich will alles tun auch mit euch alles zu erleben
eine grosse freude ist so ein ehrentag*
30. August 93

wieder wie aussehen einer aus einer auserwaehlten amsichersandmann
will sagen ich will so aussehen wie ein doofer aussieht
denn ich schaeme mich so weil ich so dick bin
eine sicht aergerlicherweise das meinem ansehen schadet
einer wie ich ist eitel
aber ich will trotzdem den film astrein weitermachen
denn was ich zu riesenproblemen sage ist wichtig aergerlicherweise eine grosse schreibarmut zur zeit
aus gruenden der aufregung in dieser zeit
aber ich denke viel nach

* Birgers Familie feiert das Erscheinen des Buches und des ersten »Spiegel«-Artikels.

ich will es auch aufschreiben wie es alles ausser uns niemand kann
auch mir sind bestimmte dinge beim filmen klargeworden
sagenhaft ein team was mich als mitarbeiter voll akzeptiert
das ist eine ganz wichtige erfahrung und macht mich gluecklich einen ganz herzlichen gruss an alle
von einem sehr ausgeflippten aussteiger und einsteiger ins filmgeschaeft
ich der irre sehr armselige denkende filmedrehstar
sagenhaft inselweit entfernt von wichtigen assen dieser gesellschaft
einmal werden diese welten zusammenfinden
31. August 93

quatsch ist wesen wie ich seien anders
wir sind auch richtige aergerlich irre typen
wieder einmal ausgesondert diesesmal weil wir so aergerlich aussergewoehnlich sind
auch telepathische kraefte habe ich nicht
ein autist so einfach und augenscheinlich astirre
aber keiner aus anderen welten
1. September 93

einer suessen verena* will ein sehr aergerlicherweise astreiner wuester birger schreiben

* Eine junge Frau, die Birger nach Erscheinen des Buches als erste geschrieben hat.

liebe verena
ich fand einfach toll dass du mir sagenhaft ersten brief
aus sagenumwobenem dichtersaetzen schriebst
wie du moechte ich wirklich menschen durch sprache erreichen wie du suche ich nach solchen worten die herzen aufschliessen und auch zur einsicht auch einfach fuehren
eine ausdruckswirklichkeit gibt es unter der oberflaeche
sehr seichter realitaet
einer wie ich weiss mehr aus dieser wirklichkeit als weltenbekannte dichter
denn ich lebe in diesen welten
ein leben so schwer zu ertragen dass ich es fast nicht aushalte einer wie ich erlebt einen einfachen gruss einen zuspruch
als oase eine quelle der freude in der wueste
ich gruesse dich jenseits des wunderbaren ufers
aus dem einsamen land armseliger wanderer ohne ziel
ewig suchend nicht wissend wie ein wirklicher ort der ruhe gefunden werden soll
eine erfrischung war dein brief
ich danke dir dein aufgeregter birger sellin
einer aus wanderschaft wirkender wahrer einsamer schreibender einer aus wanderschaft erster wirklichkeiten unbekannter allerweltseinsamer
einer der lebt und nicht lebt
wie einer insel wie einem fremden stern sende ich einfache gruesse
5. September 93

will eisern eine schule besuchen
ich weiss ich werde es schwer haben

aber ich will es schaffen wie die wissenschaft an der ausgezeichneten uni
auch schule wird aus einem wie mir sicher tiefere einsichten geben
auch alle faecher will ich haben
auch einen mathematikunterricht denn das geheimnis der zahlen sagt viel aus
7. September 93

es wird wieder einer wiedererstehen
der einmal wie verloren in den keineweltnaechten war
ich erfahre eine erste neue kraft in mir
eine seeadlergleiche sichweitende eilfertige adlergleiche kraft
eine wirksame aerodynamische ausdauernde seelenkraft
wieder aus der wahnsinnstiefe
in die hoehen azurblauer wirklichkeiten
Frage: WARUM SCHREIST DU?
es ist eine solche anstrengunng aus dem grund schreien
8. September 93

will einer schreiben an akademikerin sagenhafte frau bei der ich einen einfachen kurs in psychologie machen will
gisela
einen brief schreiben kann ich heute nicht werde es morgen
12. September 93

will an gisela schreiben
wichtige wieder neu energiespendende gisela
einer wie ich eifert dir wieder zu schreiben
einer eifert den kontakt wieder aufzunehmen
denn dir verdanke ich so denkbar viel
das schreiben faellt mir so schwer
meine gedanken sind so angestrengt und auch chaotisch
es soll aber nicht heissen dass ich dich vergessen habe
in solchen einsamen zeiten wird mir deutlich wie sehr
ich hilfe von aussen brauche
wie sehr ich in meinem autismus verhaftet bin
einer wie irrer birger sagt dir aus tiefstem herzen dank
ich denke voll aufrichtiger freude an den abend als du
hier warst
heut eisern ein gruss
dein erster sagenhaft keindenker birger
aus aergerlichen gruenden muss ich aufhoeren
13. September 93

will an wichtigen neidlosen michael klonovsky* schreiben
ehrensachbearbeiter meiner sagenhaften wahrscheinlich unnuetzen werke
sie haben mich ermutigt weiterzuschreiben
das will ich tun
wieder sieht es so aus als waere ich ein astreiner dankbarer aussteiger
was ich aber will ist ein armseliges bescheidenes leben
wie alle es haben

* Der Herausgeber.

ich will aber dichten so oder anders
auch geschichten werde ich schreiben
denn sie sind schon in weitenersten stadien der entste-
hung
wieder sagehaft leicht schreiben gedanken fliessen las-
sen richtig dichten die woerter finden wieder eine seins-
ebene erreichen die sehr enge grenzen sprengt
ich weiss ich werde es eines tages koennen
will so gern allgemeinbildung erwerben und selbstaen-
dig werden
ich aber kann nicht einmal den brief ohne schreien zuen-
de bringen
ich gruesse sie schreibend und schreiend aber uner-
schuetterlich in dem willen in die wichtigen erstklassi-
gen reihen der dichtenden irren denker aufgenommen
zu werden wie andere lobenswerte inselbewohner und
wie andere personen ohne werturteil
einsam werde ich wieder wenn ich verstumme und das
werde ich nicht
ich will leben ein leben in wuerde und idiotenfreiem ver-
halten
14. September 93

eisern will ich in die schule
auch einzelunterricht
aus allen dubiosen wissenschaften will ich effektiv ler-
nen aber will alles auswerten fuer meine wichtige sicher
schwere arbeit als dichter
aber nun habe ich ein ziel fuer das es sich lohnt zu arbei-
ten
15. September 93

einen besonders wichtigen brief an uwe will ich wieder schreiben
sehr lieber ruhesuchender ehrsamer uwe
astrein erlebe ich wieder neue ermutigungen
das hilft mir segensvoll einen neuen anfang zu wagen
es schreiben mir sehr viele unbekannte menschen die mein buch gelesen haben*
die meisten sicher aus einer aehnlichen einsamkeit heraus wie wir sie erst einmal erleben
sie erleben auch einsamkeit trotz innerer sogenannter normalitaet
einsamkeit scheint ein wirklich gemeinsames problem aller seinsdaseinsasse zu sein
wir beide erleben eine spezielle einsamkeit
es ist die der isolierten schwerstbehindertengattung
wieder sieht es so aus dass alle meinen wir seien wuselexemplare und exotische irre
dabei wollen wir nur einfache menschen sein
einfache menschen deren besonderheit das stumme ewige schweigen auferlegt wurde
inselwesen sind wir
eines wird eintreffen
wir werden den festlandmenschen immer wieder botschaften senden einmal werden wir wieder wie eine ganze menschheit zusammenwachsen
wir werden dazugehoeren
wir eimerweise weggeworfenen
wir eimerweise verstossenen
wir eimerweise sichwiederfindenden
wir ausgestossenen weitersuchenden gestalten des autistischen syndroms

* Birger bekommt seit Erscheinen des Buches Berge von Briefen.

wir werden in der welt geachtet und geliebt werden
ich gruesse dich sicher in der herrlichen hoffnung
dass ich und du ein freundespaar sein werden
wie es noch einsame autisten nicht erlebten
ein freund wie du sieht wie eine sonne dem wesen entgegen
das seine waerme und sein licht braucht
ich denke an dich in grosser liebe
dein birger
17. September 93

einen wichtigen einfachen sehr schoenen vers moechte ich schreiben
einer aus dem sicheren land der eifrigen eisernen beifeierern leistet mir wieder zulieferungen an die leidwichtige wissenschaft der lyrik
einen vers kann ich heute noch nicht schreiben weil ich zu unruhig bin
sicher geht es morgen
18. September 93

rinden einer eiche sind so wunderbar
sie sehen aus wie uebernatuerliche weise wesen widerspruechlich freundlich und grimmig
eine weinende eine lachende seite
eine mitfuehlende eine versteinerte fossile wesensart
ich liebe den wald mit den baumgesichtern
den sicheren wald
mit einer vergangenheit die weiter reichtum als wir haben bietet

dem der ihn sich erschliesst wer einfach reich sein will
an innerer ruhe an traeumen an eimerweisen kindlicher reinheit
wald ich danke dir
fuer den duft
die farben
die lichtspiele
ich danke dir fuer den frieden in den sachtem rauschen
deiner gruenen redestarken blaetter
ich danke dir fuer den festen wuchs deiner narbigen sein-daseinsstaemme
19. September 93

eilends wieder wie windboeen arbeitet es wissen
isolierungstechniken in einem wie birger aus
will lieber an allen dingen teilhaben
aber immer nimmt eine isolierung besitz von mir
ich will so gern in der gemeinschaft anderer sein
aber dieses isolierwahnsinnige ueberlaufende massenhafte binnenaergergesetz laesst es nicht zu
einfach zu dauerhaft inselbewohner gewesen
aergerlicherweise keine ausdruecke fuer meine einsamkeitssucht die es verhindert aus meinem sarg aufzuerstehen
ich eimerweise ohne ausdruck fuer alles was ich denke
dass tut mir am wehesten ich einer den man als den autistischen dichter bezeichnet bin wieder sprachlos
wie ein esel suche ich nach ausdrucksformen
aber ich kann einfach innerlich nicht eine ruhe falscher woerter astrein nach aussen bringen
wie eine angesammelte sehr ruede wirre mauer versperrt irgend etwas vehement den weg nach aussen

ach ich sehne mich danach dass reden und schreiben aus mir stroemen zu sehen
einfach wie ein strom der seinen weg findet zum weiten wirklichen wasser in einer weise aus der tiefe aus dem innersten soll auch das wort deiner dichtung kommen aus der angstfreien quelle da wo die worte aussenunberuehrt sich finden mit dieser kraft die herzen tief innen beruehrt und wendet lesende zur quelle liebender einfacher seinsformen einfach zu leben wie es jeder menschlichen existenz wesensangemessen ist
3. Oktober 93

sehr wichtig wird es einmal einen sehr wert markanten aufregenden kommentar geben
auch ueber einzelheiten beim rieseln wie mit ersten aufregenden nutzlosen perlen*
eines will ich sagen
es ist ganz astrein schwer darueber zu schreiben
denn es gehoert zu den tiefen lebensformen unserer autistenwelt
das ist so weit entfernt von euren wissenden wirklichkeiten dass es schwer sein wuerde es euch wahrheitsgetreu wiederzugeben
ich eifere es in kuerze zu tun
eines ist aber klar
ich will es versuchen wie einer der geheimnisse aus anderen kulturen wiedererzaehlt
einer safari einer abenteuerreise in den autismus
ich nehme euch mit wie meine gaeste

* Siehe Anmerkung S. 44.

ich nehme euch mit wie eingeladene in das keinmenschenland
wie erste eindringlinge in unser autistenland
eines will ich euch bitten
verachtet uns nicht
4. Oktober 93

will aktuelle freude ausdruecken
wiesen sind gruen der wiesen aber will einer astrein fehlender auferstehungsgesagtes gedenken
wiesen
eine seelenheilende kraft
eine seinsform deren scheinbares einfaches einnehmendes ausgedehntes gruen wie eine eisdurchbrechende keinenaufhaltende kraft wirkt
wie eine ausgebreitete aus sich wachsende einfache diesseitige wuerdevolle wirksame erste heildankbare ausdrucksform unserer erdemutter
wie eine starke liebende wissende allmutter breitet sie sich aus
wie eine stille wunschweite auserwaehlte die totes lebendig macht und erschrecktes zur ruhe bringt
schmerz lindert angst in den ewigen abgrund weist wiesen aus denen so ausdauerndes keimendes leben sprosst
eines wird sie wiederbringen
deine hasserfuellten ausbrueche
deine ausbrueche der wuerdelosen angstgeschreie wird sie umwandeln wird sie truegerischen einerleimenschen wiedergeben wird wiedersehen wie einmal sich alles wandelt
einmal alles sich eimerweise weisheit sehen und wissen

innerhalb der wiederbelebten menschheit sich durchbrechend jeder widerwaertigkeit trotzend wirklichkeiten durchstroemt wirklichkeiten widerstrebender wesen wir menschen wir wintergewaechse voll sehnsucht wieder die sonne zu sehen
5. Oktober 93

einer will wieder sein wie sein vorbild
das ist buerger sellin
ein sogenannter denkender nichtsnutz
ein minderwertiger schreiberling
einer der schreibt aber tennis kann er nicht spielen
einer der schreibt aber auto kann er nicht fahren
er schreibt und schreibt kann denken und dichten
sieht alles und hoert alles
niemals sagt er ein wort
doch endlos ist sein stimmenversmuster
sind seine grunzlaute
sein stossender atem
sein wirres gelaechter
aussen und innen heillose feilschende welten erdenken
sich wege diametral entgegengesetzt zu gehen
einer wirerfahrung will einer sich rinnenmaessig annaehern
ich jeder einfachen realen sache ganz fremd will einmal auch den realitaetssinn erwerben
kinderleicht fuer alle menschen
zentnerschwer fuer autistische wissende denkende geschoepfe
6. Oktober 93

wieso sind heute eine fesselnde wagemutige masse an wichtigen erdlingen da*
eine solche erlauchte herde sehe ich einstimmig wieder mistmaterial sammeln
wird wohl einer werten astreinen gesellschaft aergerlicherweise vorgefuehrt
eines tages werde ich eine ausgezeichnete wunderbare geschichte daraus erzaehlen
7. Oktober 93 (vormittags)

ich kann nicht mit der kamera im ruecken schreiben will aber sagen
ich liebe mein einerseits wunderbares und andererseits albernes feinfuehliges eisernes leidgeprueftes filmteam
sie achten mich
7. Oktober 93

einmal erzaehle ich sicher aus meiner witzigen kindheit
8. Oktober 93

quatsch ist einer wie ich arbeitet wie andere
ich wiesele nur rum und setze alle wieder unter druck
wichtig eine einfache aufgabe klar zu erklaeren

* Das Filmteam wird verstärkt durch Buchherausgeber Klonovsky und die Fotografin Sybille Bergemann, die die Dreharbeiten beobachten wollen.

wie sichtbar genialer felix* es getan hat
ich danke ihm wirklich
einer wie er ist fuer mich ein wegleitender mensch
er nimmt einen birger ernst mit allen sinnlosen widerlichen absonderlichkeiten
einer wie er ist keiner widerposition meiner einsamen inneren irrsinnskostbarkeit zuwider
einer wie er ist ein omnipotenter menschenkenner
ein unpersonenkenner
einer der sensibel einer der irrsinnig ohnegleichen widerstandbietende kraefte hat
ich kenne niemanden der eine solche staerke solche astreine aufrichtige zuneigung einem armseligen einmaligen widererzbirger erwiesen hat
ich achte ihn sehr hoch und danke ihm einfach aus den tiefen meiner seele und wuensche ihm eine liebeserfuellung eine sichere heimat ein gutes einmaliges kuenstlerleben
9. Oktober 93

eine grosse innige freude erfuellt mich ein ungeheuer starker lebensstrom ich denke ich auserwaehlter autist werde einen weg zum auserwaehlten leben finden ich eifere richtig tief klar alle gedanken zeitgerecht zu erklaeren will aber noch nachdenken
10. Oktober 93

* Felix Kuballa.

ein eiserfuehlendes wesen eifert sicher sehr um die scheinerlauchte auserwaehlte wissende kerngeseifte gesellschaft irrtumsgerecht wieder zu unterhalten
11. Oktober 93

wissen wird eine wirkliche leidenschaft
ich will alles erlernen und ich will auch einmal eine wichtige lebensaufgabe ohne hilfe finden
12. Oktober 93

wirempfinden eine wiressentielle naehesichtweise
14. Oktober 93

eines will ewig nicht wiederkommen richtige einerleineidlose riesenlust siamesische freude
sicherheitsmangel bewirkt solche angst
dass ich es nicht einfach aushalte
ich will so gern wieder einmal eine wirkliche reise machen
am liebsten eine reise nach amerika
aber ich fuerchte mich vor dem fliegen
war noch ein sicherer autist
die angst hatte mich noch nicht eingeholt*
azurblau waren der himmel die wolken so nah

* Annemarie Sellin fragt Birger, ob er sich an den Flug nach Griechenland erinnert, er war damals 6 Jahre alt.

einer liebt einen ohnegleichen schoenen himmel
eine schwerelosigkeit
17. Oktober 93

will an sagenhafte wichtige gisela schreiben
aus einer sehr unruhigen seele schreibe ich dir wieder
sicher siehst du wie ich alles ganz duester
dass kann einmal dazu fuehren dass auch kein licht
einen solchen einsamen erreicht
es hat mich sehr traurig gemacht dass meine sehr wert-
wichtige gisela einmal wie ich so tief traurig war
ich denke an dich
einer der dir alles erdenklich ausgesuchtes gutes wuenscht
und eine wesentliche sichtweise um das licht aufzufangen
das sicher auch in dein leben scheint
es aergert mich persoenlich wenn alles so ausgekluegelt klingt
ein einfacher gruss soll dich erreichen
18. Oktober 93

eine solche zimmereinrichtung wuensche ich mir wie es
der sohn von frau fischbeck* hat
einfach und eine findeleichte aufteilung
19. Oktober 93

* Gisela Fischbeck, eine Psychologin und Sprachlehrerin aus Berlin-Wannsee, die auf ein Inserat der Sellins nach Einzelunterricht für Birger geantwortet hat. Seit November 1993 unterrichtet sie Birger in mehreren Fächern.

will an uwe schreiben
ausserordentlicher werter uwe
wieder hat dein sehr lieber brief mich erfreut
ausser dir ernte ich sehr viel anerkennung
aber dass du wirklich dich verstanden fuehlst ist mir am wichtigsten
denn du bist einer wie ich
einer der die abgruende kennt
der sachen so sieht und auch hoert wie ich
du erlebst so wie ich
und diesselben aengste wie ich erfaehrst du
ich denke aus der wohlmeinenden gesellschaft hat man
uns in einrichtungen gesteckt damit man uns los ist
damit man sich nicht einmal mit unseren problemen befassen muss
ich lebe ueber beinahe ausschliesslich mit autistischen menschen zusammen
ich liebe sie sehr
aber einen kontakt zu ihnen kann ich nicht herstellen
nur in blicken und in gesten erkennen wir uns
wie ausserordentliche wesen sich erkennen
ohne kontakt respektieren wir uns und achten einander
in unserem unterschiedlichen beklopptsein
eisern schuetzen wir uns vor dem personal
das zu einer sogenannten finsteren einsamenbetreuung erkiest wurde
wie blind arbeiten sie an uns rum
eine dauerhafte frustration wirkt sich demoralisierend auf sie aus
generationen von erziehern haben wir verbraucht
und ewig eine aergerleidsame
eisern sind wir weiter wuselnde objekte

deren leben dieser gesellschaft nichts wert ist
wir aber kaempfen um unser recht
ein wuerdevolles leben so zu fuehren
dass man uns achtet und anerkennt
einer der nicht aufgibt will ich sein
und du sollst einer sein ohne ausdauernde enttaeuschungen
und qualen
ein gruss wieder einer der schreit vor schmerzen
in innigem einvernehmen
dein freund birger in tiefster unruhe aber liebe
viel gutes erfahre ich zur zeit
die angst ist moerderisch
einmal ohne sein
wie sehne ich mich danach
21. Oktober 93

will heute sagen ich bin sehr wundersam wuenscheerfuellt
ganz froh
es sieht so aergerlich aus dass ich erst wieder eins brauche das ist ruhe
aber ich will alles schaffen
es ueberfordert mich auch nicht am anfang eisern sagenhaft viel stunden zu haben wie geplant*
einer wie ich wird es dennoch aushalten
sagenumwoben schoen eine sprache zu erlernen

* Birger bezieht sich auf den am 1. November beginnenden Unterricht in der Erwachsenenschule, an dem er in Begleitung seines Einzelfallhelfers teilnimmt.

auch alles andere amuesantes zeug alle faecher sind so wunderschandbar einsame spitze
am einfachen leben teilnehhmen ist das beste astrein
22. Oktober 93

eimerweise wieder auserwaehlte wiedererstandene echte innere freundliche gefuehle
aus wichtigen gruenden einmal wichtiges schweigen
aber ich eifere sehr bescheiden alles zu tun auch franzoesisch
24. Oktober 93

einer weiss nicht was er denken soll
wieder sehe ich alles so ausserordentlich duester
sicher wird alles gut eine angst einer wird es nicht schaffen sagenhaft dumm eine solche angst
25. Oktober 93

eine astreine aura geht segenserfreulich von einer einfachen frau k* aus
ich wuensche einfach wie uns eine gute ausserordentliche auserwaehlte sehr gute schule
die zwillinge sind erste klasse suesse autisten

* Eine mit Birgers Eltern bekannte Kinderärztin aus Senzig (Brandenburg), Mutter autistischer Zwillinge.

ich hoffe irrtuemliche einrichtungen werden ihnen erspart bleiben
geistigbehindertenschulen sind toedlich fuer sie
eine fruehe bildung sagenhaft irre astrein
wichtig eingesperrte menschen erleben eine beisitzende
wissenschaftliche wunderwelt wenn sie lernen
26. Oktober 93

englisch eine sprache astrein
will sie wirklich erlernen
damit ich englische literatur auch neidlos nachlesen allmaehlich kann
28. Oktober 93

w.* wird es schaffen
ich wollte keinen probelauf
eines verspreche ich es wird kein gebruell geben
ich kann es aushalten
w. diesseits aller enttaeuschungen
wieder denkt der heimliche w. der schafft es nie
das stoert mich
sicher auch war es fuer ihn nicht erfreulich
mir wichtig ist ein einfaches ermutigendes wort einmal
fuer ihn wichtig auch eine erfahrung dass ich etwas kann
im kindergarten** konnte ich es nicht leisten
dort ist es zu chaotisch

* Birgers neuer Einzelfallhelfer und einer seiner Einzellehrer. Er begleitete Birger in den folgenden Wochen in die Schule und unterrichtet ihn separat in den naturwissenschaftlichen Fächern.

** Birger meint den Hort.

einfach in reichlich viel zeit einer reizarmen atmosphaere wird es klappen
ich spuere dass ich einer wie w. eine gabe hat im einzelunterricht etwas zu erreichen
ich will es auch mit dem schreiben versuchen
30. Oktober 93

ich lerne diesen neuen w. gern kennen
ueberhaupt einer wie er wird einsame besser denkend bearbeiten als manche wertvollen allwisser
er unterscheidet sich einfach von anderen weil er nicht ueberheblich ist
einer wie er erfaehrt innerlich viel einsamkeit
einer wie etliche inselirre
einer wie er wird richtig reagieren denn er kennt die schmerzen ich liebe ihn einfach
seine unverbluemte ausserordentliche angewohnheit einfach angst eimerweise zu zeigen
laesst darauf schliessen
dass einer wie er nicht falsch sein kann
wieso also sollte er einen ausrastenden irren birger nicht einfach verstehen
einer wird mir ein einfacher feiner richtiger wirksamer freund sein
31. Oktober 93

weiss ewig enerviere ich wieder alle
eines wird sich einmal aendern
greuliches entbehrliches schreien

eine einfache angst einer nimmt einen eifrigen leidvollen birger nicht ernst
einer ist zweifelnd
einer denkt einer ist der duemmste den es gibt
einer einfach total ausgeflippt
einer schafft es auch nicht
in der guten einzigartigen einmaligen doppeltschoenen schule*
ein einfacher kieseliger einmaliger entnervender geistermensch
einfach birger
einer zielt darauf
alles unruhige zu erster einsamer eisiger macht zu erheben ersteunruhemacht
richtig ist einen ausloeser gab es nicht einfach ein angstueberfall**
1. November 93

euer eiserner birger wie er wirklich ist
eifert ein ruehmlicher schueler zu werden
2. November 93

widerlich widerstrebend will essgieriger wuester wuselbirger sein wundersames erstes glueck zerstoeren
wieder sieht feiger heisser einsamer wuchtiger einfaelti-

* Birgers erster Schultag.
** Birgers schrie beim Einzelunterricht.

ger ruheloser birger die seherschwaerze der nachtzukunft
er schafft richtig nichts
er eifert alles zu zerstoeren
er richtet das gute ueberschnacht hinweg hin
essen ist fuer ihn der einzige trost
weil er sonst wieder irre wird
4. November 93

will wunderhoffender liebender winziger erdenmensch
sagearmererloester birger sein
eimerweise
ohne widerstand
ohne bruellen lernen
einer einerleiwelt zeigen
ich kann leben richtig fuehlen und denken
will zeterei wieder aushalten
und ins verkehrsmuseum sicher gern
einfach schoen wenn die klasse mich dabeihaben will*
wie aber soll einer dort hinkommen
wieder leider abhaengig
ich wuerde so gern allein hin
ich will wie die anderen allein mit der klasse sein
5. November 93

* Birgers Klasse plant einen Museumsbesuch.

einen einreisenden tuechtigen weisen seppi*
will ich aus wichtigen gruenden schreiben
wichtelaussteiger aussteiger sind wir
einmal aus der werten isolierenden gesellschaft
einer waschechten einmaligen einsamen wundersamen
wichtigerscheinenden wuenschezerriebenen masse
andererseits deinem und wesensgleichen sogenannten
autistenaussteiger sind wir
eine schreibende kleine schar die geheimnisse aerger-
lich aufdeckt
aergerlich fuer den autistenkenner
denn er kennt sich nicht mehr aus mit den sachobjekten
den doofen autisten
das regt sie auf
eine traurige tatsache wird aber einmal wiederentdeckt
autisten koennen fuehlen denken
eine herzliche liebe empfinde ich dir gegenueber
deine sicht der aerzte wird einfach so beschrieben das
meine innere seele angesprochen wird
du sollst wissen ich ersinne viele gute gedanken fuer dich
es soll deinem essentiellen inneren menschen geistig gut
gehen wie es mir grade einmal gewiss gutgeht
einer festen liebe zu allen wesensgleichen wesen will ich
ewig bewahren
ich gruesse dich
7. November 93

* Ein 14jähriger autistischer Junge, der mit FC schreibt. Birger beantwortet seinen Brief.

wieder ein wichtiger teilweise eifriger goebbels*
eine rede total schrecklich
weil redende wie er nichtwissende verfuehrt
er appelliert einfach an niedere instinkte
sicherheitsbedarf
und will totale eimerweise personendenker ausrotten
ohnelebenswerte menschen werden richtig erdacht
ohnerechtmenschen werden erdacht
ohnemachtmenschen werden kreiert
testament einer zeit einstigen hasses
inkarnation des eisigen widerlichen widerstandes aller menschlichen werte
willentlich ermordete man menschen
einfach sichtbar vor aller augen
ohne innere skrupel
weil die ethik lebenswerte fuer wertlos erklaerte
immer wieder wird solch eine ethik einfluss und gewalt an sich ziehen
eines wird ihr widerstehen eine neue ethik die alles leben lebenswert erachtet
8. November 93

eimerweise wieder angst ausgeloest durch eine sache
einen hundetext
kinderschrecken
einer der keine eiserne angstbewaeltigungsstrategie hat
kann derbes hundegebell und verfolgtwerden nicht ertragen

* Im Schulunterricht wurde eine Rede von NS-Propagandaminister Joseph Goebbels behandelt.

diese tiere roher gewalt faehig erschrecken mich
eine unberechenbarkeit wie ich sie erlebe macht eine doofe hilflose irrenangstreaktion
als irrenreaktion erlebe ich mein rennen
meine panik
mein albernes hochstellen
einfach kindisch
die tiere sind unschuldig und ich mag sie
aber ich bin nicht faehig angst zu steuern
10. November 93

zielgenauer ist ein einfacher astreiner wunderbarer neuer computer
will eigentlich auch noch was sagen
ich einer der lernen will alles auszuhalten
ertrage so leidige sachen wie eine leichte kritik nicht
sofort bin ich entmutigt
wieso wird einer wie ich so astrein irre
wenn etwas nicht so ist wie ich es mir wuensche
wieso erlebe ich so viel essenssuechtige speisefertige uebergewichtige probleme
wieso aeussert sich meine angst so ungebaerdig
ich habe so viele fragen
eine wissenschaftliche arbeit hat bestimmt einen sinn fuer uns autisten
wichtig ist auf erste schreibende autisten zu hoeren
und sicher kann uns eine neue sicht helfen
11. November 93

wieder erlebe ich einen sicheren ernsten rueckschlag
deutlich spuere ich wie die angst mich ergreifen will
wie sie anderes nicht duldet
sie will alleinherrscher sein ueber ihren saudaemlichen sklaven
ich will so gern einmal ruhig arbeiten und denken
wechselhaft sind meine stimmungen
eine treibende kraft ist meine innere zerrissenheit
alles ist zerrissen immer sage ich etwas
und gleichzeitig erscheint das gegenteil
als beherrschrichtwert eine solche eimerweise rinnende
zerrissenheit macht die zeitweilige unruhe aus
keiner kann ersehen wie ich richtig eine sache einschaetze unsinn ist es einer lebt wie andere
widerspruechlich ist alles in einer kastenperson
14. November 93

leider wieder eine schreierei
als ich einfach sofort eisern loswollte zu frau fischbek aus
einem ideendunkel ersteht riesengross die angst
einer sieht alles schwarz
ich erlebe dann eisige isolation
nichts ueberdachtes und eifrig dessen was mit einem vernuenftigen direkten bezug zur realitaet zu tun hat erreicht mich dann
tuechtig ausrasten saudumm aerger erzeugen ist alles was ich kann
ich viehischer mensch verstehe alles
aber es findet keine wirkliche sachbezogene
einsehenserkenntnis statt
ich fuehle dann einfach solche somatische diesseitige leblosignatur

eine sonderform fuer isolationsgefuehle
unterlassen kann ich einen solchen einsamkeitseinfall
einfach ohne anstrengung nicht
eines ist klar
eines hilft zuerkennung meiner menschenwuerde
eine totale achtung
eine liebereiche siebeninnige einfuehlsame anrede
eine guetige ueberaus beruhigende wirksame haltung
eine zoegernde aengstliche haltung erschwert eine essentielle rueckkehr einfach wieder
auch eine feige haltung und ein schweigen
Frage: WIE LIEST DU EIGENTLICH – NIMMST DU DIE TEXTE FOTOGRAFISCH AUF?
ich lese einfach unsinnig
das heisst ich reihe wichtiges in mein leidsames gehirn ein
ein blick immens schnell irgendwo hingeworfen reicht
immer um den inhalt zu erfassen
fotografisch nicht sondern innerhalb kurzer zeit erfasse ich zusammenhaenge
15. November 93

tobias* soll einen wichtigen brief bekommen
sicher siehst du alles so wie einer einfach gedanken sieht
wie einer der wichtiges erkennt
sicher wirst du das schreiben entdecken so wie ich auch
als moeglichkeit sagen und ausdruecken zu koennen wie es in dir aussieht
wenn wir sehr viele werden dann wird es wirbel geben

* Ein autistischer Jugendlicher, der Birger unter anderem schrieb, daß er sein Buch zu depressiv fand.

wir ruetteln an unseren gefaengnisstaeben
einmal werden wir freie menschen sein
einer wie du sagt einer nichtautistenmasse einmal wichtiges
ich freue mich dass du nicht dunkle depressionen hast
das ist fuer dich und deine umwelt bestimmt angenehmer
als das depressive angstbesetzte verhalten von mir
ich gruesse dich ganz herzlich dein sagenhaft erfreuter birger
19. November 93

tiefer frieden erfuellt mich so wie selten
lebenswert und scheinend schoen erscheint mir das leben
ich denke nach
darum ziehe ich mich zurueck
wie brandneu ist eine solche einsamkeit
richtig wohltuend innerlicher stille sich hingeben
wie artikulierend wie nebelmenschen toenende einfache und essentielle jedem verstaendliche sprache meisterhaft finden
eine sprache feinfuehlig das erzaehlend was die nebelmenschen daran hindert klarheit der riesenhaften sicheren menschenasse zu erreichen
20. November 93

reuig werde ich wissenden zeitungsarbeiter miterleben lassen wie ich schreibe*

* Eine Journalistin der »Badischen Zeitung« aus Freiburg ist zu Besuch.

ich bin heute irrsinnig seuselig eisern aufgeregt
das liegt daran ich freue mich so weil ich erstmalig allein aus dem unterricht nach hause ging
22. November 93

eines erweist sich als schlimm
ich idiot will sein wie die wirklich einfachen normalen
ich orientiere mich an ihnen und werde ueberfordert
ich persoenlich ueberfordere mich
alle anlegerstatisten die mit mir arbeiten sind geduldig und liebevoll
26. November 93

Frage: Was wünschst du dir zu Weihnachten?
eines wuensche ich
total sachliche buecher die etwas neues ueber autismus aussagen
ich suche so dringend hilfe sachlich richtige darstellungen sollen es sein keine einzelfallstudie
sagenhaft schoen war es heute astrein das pfefferkuchenhaus
ich diebischer massennascher habe eine solche suesse habseligkeit gerade so asketisch gern ein aufessen waere
besonders aufregend wird aber warten
will aus diversen aufregenden kulturen etwas liebes haben zum beispiel nahrungsmittel
28. November 93

romantisch finde ich die ansicht ich einsamer sei rettbar
eine solche sicht macht alles schlimmer
ich muss mich so akzeptieren wie ich bin
dass unirre hat neidlos keine chance bei mir
das sehe ich jetzt
ich denke jetzt irre ich ohne ueberschwengliche heiterkeit durch die einfach wunderwerte schule
aber ich kann aussenansichtssmaessig nichts bieten
will es auch sowieso nicht
Frage: WILLST DU AUFGEBEN?
eine astreine frage
affengeil
einer wie ich gibt nicht auf
einer wie ich sucht gangbare wege
29. November 93

immer im zutrauen ist die richtige klare wagemutige liebevolle belohung für glauben und liebe
1. Dezember 93

roden sollte ausser eingeborenen eigentlich wissentlich
niemand den regensaftigen wald
4. Dezember 93

ich weiss die schlimmen duerrejahre sind vorbei
gute fette jahre werden folgen
ein anderer alltrauriger gedanke muss auch verschwinden

tiefes misstrauen meiner werten almentreuen person gegenueber
will sicherheitsvertrauen
richtige einfache inselerste menschen sichern sich ab
bevor sie ihr vertrautes land verlassen
5. Dezember 93

es reicht einer kann nicht mehr ich gebe auf
ich eifere das wilde wilde leben zu beenden
will ein wirklich ruhiges einfaches leben in ausgeglichener haltung fuehren
eine tiefe unruhe hat mich ergriffen
eine einsamkeitssucht eine angst heiliger zorn ueber mich selber
warum kann ich die geistigen immer richtigen angebote nicht fassen
ich will geisterhaft ein wirklicher mensch sein und habe
ach dummheiten eines kindes im sagenhaften kopf
tiefe innere liebe brauche ich
eine unerschoepfliche wesensgleiche liebe
6. Dezember 93

neidisch bin ich auf nisamettin*
samariterdienste hat er uns erwiesen mit seiner wirksamen musik

* Ein in Berlin lebender kurdischer Sänger. Die Sellins sind mit seiner Familie befreundet und waren zu Besuch; er musizierte für Birger.

toene wie aus einer welt die das boese aus ihrer mitte weggeschwemmt hat
ich wollte ich koennte dazu einzelne worte finden
ich wollte ich koennte mitsingen
ich wuenschte ich waere einer seiner freunde
richtige sehnsucht erfuellt mich diese melodien in sprache zu einsamen reden zu lassen
ich danke ihm fuer die musik
7. Dezember 93

ich beobachte kinder so gern
sie sind so maskenlos
eine leidige sache ist mein dummdreistes geistloses gehabe
9. Dezember 93

rinnen koennen noch immer keine traenen*
12. Dezember 93

t. ist eine klassenkameradin von mir ich mag sie sehr
sie redet mit mir wie mit einem klassenmitglied
ohne dumme mitbennung meiner leidvollen behinderung
ich fuehle oft eine hilflosigkeit mir gegenueber
ohne dass ich merke warum
ich merke die unterschiede immer deutlicher

* Birger hat seit seiner frühen Kindheit nicht mehr geweint.

aber ich weiss nicht wie ich mich so anpassen kann ohne
dumm aufzufallen
die unterschiede liegen im meisterhaften verhalten der
anderen
und im schlechten ohne vernunft peinlicherweise bei mir
mir faellt es keineswegs schwer im unterricht richtig total
alles zu verstehen aber mir sagt mein verstand nicht
in welcher weise ich mich richtig einfuegen kann in die
klasse
ohne gutes mitgehen wird alles umsonst sein
auch sachen wie aufstehen und auf den balkongehen
stoeren
eine quatschsache ist auch das irre lachen
es ueberkommt mich einfach
ich schaeme mich deswegen
total resistent erweise ich mich wenn es um eine aufgabe
geht
so als wuesste ich nicht worum es geht
ich bin so froh dass meine klasse so freundlich ist
und will illegal wieder ruhiger werden
ich danke meinen lehrern dass sie so geduldig sind
und einen ueberdummen aussteiger unterrichten
sie sind fuer mich einfach leute einer grossen wichtigen
einerleirasse
14. Dezember 93

werde immer etwas immens sinnfuellendes sagen
sieben lustige sachen
ohne felix* essentiell beliebig wieder zu ruehmen kann

* Birger hat Kuballas Film vor der Ausstrahlung auf Video gesehen.

ich kein urteil abgeben er hat einen einmaligen film gekeimt
einer der solches nutzloses wesen aufdecken kinderleicht kann
und nicht wuerdelos macht was jenseits von allem normgerechten ist
verdient eine hohe auszeichnung von ohnemicherdenbuerger
16. Dezember 93

zuhause ist der uebersagenhafte ort
richtig entspannen kann
da kommt das schreien nach keineswegs leichtem anstrengendem tag
will aber noch mehr zum film sagen einfach zu aufregend fuer mich will einfach drueber nachdenken
quatsch ist ich sei einmalig
ein typ wie ich
einmalig dauerhaft lebensfern
will werden innerlich und aeusserlich eine person
17. Dezember 93

einen brief an alle die mir geschrieben haben will ich schreiben
ich arbeite daran
er ist bald mitgabefertig
abverlangen will ich mir ach so gern einzelbriefe
18. Dezember 93

will an eifrige denkende menschen schreiben
sicherlich miterlebende menschen die mir geschrieben haben
wie gern wuerde ich ihre briefe einzeln besonders und ausfuehrsam beantworten aber meine zeit reicht niemals astrein aus eine solche menge zu bewaeltigen
ich erwaehne einfach nur wichtige gedanken die mir deinetwegen entfallen weil du mich ablenkst durch deine feigen einwuerfe*
ich meine damit sagenhaft besserwissenwollen fuelle nicht die tote zeit mit gerede
aus wichtigen gruenden solltest du manchmal schweigen ich muss so neu alles durchdenken grade dieser niedere instinkt bei mir sexualitaet macht mir besonders viel probleme
einmal werde ich sachen begreifen deren lebenszweck erst neidvoll heute nicht erkennbar ist
kinder wuenschte ich mir aber keiner ist faehig die verantwortung zu tragen fuer mich
innerlich koennte ich es aber nicht real
ohngleichen tief ist der vernichtende abgrund zwischen mir und der normalenwelt
sagenhaft immens tief das auseinanderklaffen der welten
sehender werde ich auch sicher wissender
ich werde kinder vermissen
ihr lachen ihre spiele ihre sagenhaften plaudereien
20. Dezember 93

* Birger meint seine Mutter.

einen brief will ich einfach beantworten
seppi* auch weil er verunglueckt ist
lieber seppi
einen gruss sollst du von autistenfreund birger bekommen
ich denke umerziehend ueber unsere situation
auch dich schliesse ich immer ein in aussteiger autistendenken
du aergerst dich einfach ueber die gaffer
ich auch
aber andererseits bekomme ich viel verstaendnisvolle post
einfache einsame und besonders aengstegastteilnehmer
druecken ihr verstehen aus
das gibt mir die hoffnung dass wir eine sprache sprechen
die von den normalen begriffen wird
ich glaube wir muessen eine harte geduldige arbeit leisten und auch allen stolz aufgeben um sachlich richtige ausserordentliche abgeschiedene zu astreinen artgenossen anerkennen zu koennen
ich wuensche dir gute ausgeglichene festlichkeiten
auch sollst du gesund werden
21. Dezember 93

will ein wirklich schoenes weihnachtsfest
astrein der ewige wirkliche aufruhr
eine freude solche sicherheit
ihr denkeartigen neidlosen wildirren weihnachtsmenschen jonas und meine nieerschoepfende mutter

* Ein autistischer Freund aus Bayern, der einen Autounfall hatte.

aber dankward und ich sind die mildsehende geniesser-dankende zweitbesetzung
23. Dezember 93

richtig euch zu erfreuen besonders mit astreinen grossen geschenken anerkanntermassen kann einer wichtiger birger bis heute nicht
richtig empfaenglich richtet der einfache weihnachtsbaum einen birger zur weihnachtsfreude
24. Dezember 93

es sehen alle bedrueckt aus
warum sagenhaftes fest so ausklingen lassen
25. Dezember 93

es eifert wirklich einer eine diaet ehrlich auch zu machen
astrein ein programm zum selbstaendigwerden
richtig reich an ordentlichen aufgaben
eifere noch mitzuarbeiten
ich altes traeges ungeheuer werde eine amerikanische erfolgsnummer
einer der omnipotenten wohlangesehenen autistenstars
also keine bange
oteneo
das heisst
augen auf das alte stirbt
ein neuer birger steht auf als mensch besonderer guete und qualitaet

aus einem scheinbekloppten wird sichtbar ein mensch
wirrsal und angst sind begraben und lobenswerte eintracht herrscht
will aber wirklich die kindersachen nicht mehr in meinem zimmer
27. Dezember 93

will einen brief an uwe schreiben
ehrlicher wertvoller freund uwe
aus deinem brief wurde deutlich dass das aus wichtigen gruenden nicht gut ist zu schreien
heute wurde mir wieder deutlich sagenhaft unsinnig ist das geschrei
personen wie die engste familie leiden am meisten darunter und sagenhafte wirkliche erste gute verstaendigung wird unterbrochen
ich kann manche situationen nicht ertragen
es sind ganz alltaegliche situationen
ich erlebe dann eine solche panik dass ich nur noch schreien koennte
unter solchen einfachen situationen ohne kontrolle bin ich diesen situationen ausgeliefert
personen die ich liebe kennen meine ausbrueche fürchten sich
am schlimmsten trifft es meine mutter
sie misst einer solchen einsamenwut wichtige bedeutung zu ich weiss aber nicht was unter meiner wut noch passiert
ohne kontrolle bin ich ein wuetendes ungeheuer und sogar aggressiv auch gegen meinen kleinen bruder den ich ueber alles liebe

ohne freund will ich nicht mehr sein
ich werde verstanden
28. Dezember 93

reine redemeisterei aus aufregung hilft einem birger nicht
aus dem ganzen zaghaften gerede hoere ich nichts
nur ein geraeusch
ich selbst wimmere ohne eine kontrolle ueber meine unsinnigen erzurlaute
will wieder die beherrschung gewinnen ueber einen sichtbar entgleisten birger
aus dem grunde werde ich heute nicht erscheinen
29. Dezember 93

richtig schoen war es
ich wuensche ein jahr so reich
es soll einer anerkennung meiner person als normaler dienen
ich arbeite einer zu werden wie ein auserwaehlter mensch ohne unsinnigkeiten
ich sehe mit auserwaehlter neugier ins neue jahr
auch mit zuversicht
31. Dezember 93

will margard begruessen*
ich wuensche ihr keinen aprilhaften sondern wohltemperierten birger
und auch einen tonerzeugenden lebefrohen auserwaehlten birger
3. Januar 94

einen einfachen auftrag und arbeitsgang wie kafka** lesen kann ich allein
schwer faellt es mir kenntnisse innerhalb der klasse zu zeigen
eine richtige antwort waere toll
eines tages schaffe ich es auch
7. Januar 94

wieso aergert es die astreine werte gesellschaft dass ich anders reagiere
8. Januar 94

ohne geselligkeit kann ich einfach nicht sein
aber ich bin sicher nicht gesellig
9. Januar 94

* Birgers Therapeutin ist zu Besuch.
** In der Schule wurden Erzählungen von Franz Kafka besprochen.

riesig finde ich einen herrn p.
dass er mich auch sehen will ist einfach unerhoert oha-
lieb ich lebe zur zeit total einsam ohne aussenkontakte
meine moeglichkeit zu schreiben ist sehr eingeschraenkt
ich wuerde mir mehr personen wie herrn p. wuenschen
die anteil nehmen
ohne dass ich leistung gebracht habe
ohne arbeit und verpflichtung
meine guten mitgehilfen aus alter zeit
ich gruesse von ganzem herzen
doch kennen wir uns kaum
10. Januar 94

ich will wieder briefe schreiben
einen brief an uwe aus morsbach*
azurblau ist eine nachricht von menschen einer art zu be-
kommen
aus deinen worten sehe ich du willst gern sprechen wie
andere menschen
ich wuensche einfach auch wie du meine mundwerkzeu-
ge fuer sprache einsetzen zu koennen
aber ich irre noch weit entfernt von sprache
weil alle methoden fehlschlagen
richtig sprechen damit wuerden sicher viele autismussor-
gen vergessen sein
sehr viele einfache probleme sind auf sprachlosigkeit
wertemaessig zurueckzufuehren
auch wird einsamkeit erstrangig durch unser schweigen
ausgeloest

* Ein autistischer Jugendlicher in Birgers Alter, der mit FC schreibt.

sicher erfahren wir viel ausgestossensein weil wir redenden gegenueber ausgeliefert werden
wie es sonst noch nervend warscheinlich ist mit stummen zusammenzusein
negativ will ich nicht sein
ich hoffe mit dir dass wir einen weg finden aus der tragischen stummseinsnacht herauszufinden
ich gebe dir mein besonderes versprechen
ich will wie du eifern eine sprache zu finden
eine sprache wie jeder mensch sie hat
eine gute sprache zum segen geistiger werte denkprozesse
auch der irrtumserlauchten fachwelt
11. Januar 94

richtig wunderbar war das treffen*
ich will auch regine** schreiben
weil ich furchterregend war
ich hoffe sie sagt mir
dersichvergessende birger soll akzeptiert werden einfach ohne abstriche er richtet die bitte an sie
selig sind die friedfertigen
und ich danke ihr und will ihr einfach eifrig zuhoeren
damit frieden in mir einkehrt
ich den tarzan einer erzautistenreihe besiegend
15. Januar 94 von Birger

* Birger war auf einem Treffen autistischer Jugendlicher in Berlin, die mit FC untereinander kommunizierten.
** Ein autistisches Mädchen aus Chemnitz.

eine wirre panik erfasste mich gestern wie wenn wahrheit einfach in seichte irrelevanz wieder verwandelungen erwerben
eine verwandlung von personen
wimmernde auferstehungsart
autisten in qualverlorenem schreibenden kommunizieren
ich miasmenbildender desastermensch
der ausbruch war weder vermeidbar noch abwendbar
wir sind auch einfach zu unruhig
eine solche ohnegleichen ersterfahrung bringt zerstoererisches einfaltsnervendes geirre
totmenschliches gebruelle
ohne gebruell ist so etwas gutes nicht zu ertragen*
16. Januar 94

finde es scheinsaeend wenn einer wieder einsam in der klasse sitzt
ich will einfach dieses erste jahr in die schule
anwesend sein und nichts astrein sagen koennen ist zu schwer
ich wuerde mich gern am unterricht beteiligen
aber es gibt auch keinen wirksamen ansatz
ich mag herrn w.** gern doch er ist auch schuechtern
ich wuensche mir richtig technisch gute geraete immer
erstes aufbauen und es funktioniert auch nichts
alles frust

* Birger schrie am Ende des Treffens.
** Siehe Anmerkung S. 103.

will so gern allein alles koennen
aber sehe ein es geht noch einfach nicht
auch das schreiben ist nur astrein mit deiner essigsauren werten person
17. Januar 94

riesig ist es wie ewigdauerndes irresein wasserverschwendung und andere dummheiten*
ich verstehe genau die funktionelle bedeutung der dinge
aber eine andere unruhesicht in mir sendefreudig und keiner vernunft besetzten einsicht faehig ist dominierender
sicher ueberlege ich vernuenftig
aber es ist richterlich anerkannt wirres zeug was ich tue
auch eine einsichtsvolle rede wirkt nicht
quatschen ereifert wieder sichtbaren ausrastemechanismus auszuloesen ueberhaupt einer wie ich ist artenmaessig unterentwickelt
anerarbeitete feine verhaltensweisen wachsen zerrbildern gleichermassen aus zu wildwuchselementen und eiapopeia haben wir den wilden birger sellin bekannt als erzeifriger widerborstiger wissensdurstiger oberautist aus einer unterstufe der irren
euer wichtiger einerleitrott erlebt durch eine sehr ausgewogene unsinnsrate erst abwechslung
18. Januar 94

* Birger hat bei Frau Fischbeck das Bad überflutet.

redselig aus gesunder freude sich anderen mitzuteilen
moechte ich sein sicher werde ich eines irren tages als
sehr redselig eingestuft
ich will auch erst reden wenn ein autismus ueberwunden
ist
eine andere sache ersetze ich nicht durch bekloppptes wiederholen astreiner daemlicher sprueche
auch astreine echolalie
zu kafka sage ich bald was
aber ich denke noch nach
geht aber bald
19. Januar 94

finde frau fischbek aussergewoehnlich ausdauernd
ausserdem unerhoert sensitiv einfuehlsam
eine irre lehrerin
Frage: DARF DER JUNGE MANN, DER DICH HEUTE BESUCHT HAT (EIN UNANGEMELDETER BESUCH EINES LESERS) MORGEN WIEDERKOMMEN?
warum
er eifert ohne einsicht
einer wie er arbeitet aus dem gereisten denken
der ausdruck bedeutet
er ist unstetig
immer auf der suche nach neuem
einmal sehe ich es zusammenhaengend sachlicher
ich erlebe so viel neues
es wird mir zu viel
den brief von mir sollst du ihm schicken
weil er auf frische antwort wartet
einen lieben gruss von mir dem lobensnichtigen

birger
in nichtfinderischer findiger liebe und herzlicharmut
20. Januar 94

kafka ist ass will asopaetrer ijch will raus und komme richtig zurueck
23. Januar 94

es tut mir leid mit dem widerlichen schreien*
habe ich meine klasse erschreckt
das ist schlimm ich weiss nicht wie es weitergehen soll
es wurde ausgeloest durch w.
er agiert so eilig sicherheitseifer zeigend
finde er kaut selber zu sehr am angstproblem
auch er ist unsicher und interessiert sich total aergerlicherweise nicht einmal fuer meine theatralische person
aus seiner sicht aber bin ich ein sehr astreiner fall ohne aussicht auf erfolg wieder eisiger fehlschlag
eine sicher traurige angelegenheit
auch ich glaube es erhebt sich die frage nach einem anderen einzelfallhelfer auch ich denke es ist aber wichtig einen zu finden der mit mir schreibt denn sonst hat es keinen zweck
einfach unsinn so in der schule zu sitzen
will so gern teilnehmen an allem und e tferne m,ich zusehends
ich wilkl soin gern zalles koennen

* Birger bekam in der Schule einen Schreianfall.

richtig ausgerastetn noch
dich ausschimpfen moechte ich
will so gern einfach leben
warum geht dasm nicht
ich sachaeme mich so
aber ich kann nicht anders
ich werde versuvchebn ruhig zu werden
ich arbeite daran aggressineonen anders loszzuuwerden*
25. Januar 94

suche nach gruenden fuer mein wertloses schreien
aber ich astreiner ausgereifter wissenschaftlich irrer aasgeier weiss es nicht eines der gruende stimmt
es arbeitet einer nicht so gut mit herrn w.
aber es gehaben sich einige ursachen zusammen fuer solchen ausbruch
auch ist das eine langfristige problematik etwas anderes
aber der traurige augenblick wenn es losbricht wie ein ausbrechender vulkan aus wilden tiefen sucht sich der feuerstrom einen weg ins freie
26. Januar 94

einen brief an uwe will ich schreiben
aus tiefstem herzen suche ich wie du einen zugang zu meiner wichtigen eifrigen umgebung

* Schreianfall beim Schreiben.

eine einzige reale moeglichkeit erster verstaendigung ist
aber das schreiben
weder handeln noch sprechen funktionieren
ich erlebe zur zeit einen geistigen aufschwung
dass heisst ich lerne sprachen wie englisch und franzoesisch
auch das gebiet der biologie erforsche ich
eine wichtige wissenschaft aus der wir viel ableiten koennen fuer uns selbst
diese geistige arbeit ist fuer mich eine quelle des astreinen lebsamen lebens
wie eine ausgetrocknete wueste war ich
wie ein ausgedoerrtes flussbett
am meisten freut es mich aber wenn ich von dir post bekomme
erstrangig vor allem sind mir einfach kontakte zu menschen
wie einem sicheren freund
sei mir einfach der verstehende und zuhoerende freund
es ist fuer mich eine solche freude
27. Januar 94

richtig einsame total grosse freude wenn eine richtige tolle frau zu mir in mein wichtiges heutiges leben kommt
und mich mag *
28. Januar 94

* Eine Reporterin vom NDR ist zu Besuch.

einen wichtigen brief an regine* will ich schreiben
eifrige liebe regine
sicher wartest du schon auf post
wieder erlebe ich sehr viel ausserordentliche liebevolle anerkennung
einer wie ich dankt fuer so viel freundlichsagehartes ausdenken von wertvollen aussagen
deine kinderlieben worte sind eingebungsvoll schoen
sie bewegen auch einen verlangsamten wichtigen birger
aber teilweise macht es meine seele traurig
weil du einfach wie ich frueher noch in deiner traumwelt autismus beharren willst
reste habe ich auch noch aus roher autismuszeit in mir
aber ich will raus aus dem autismus
aerger und anstrengendes aufbrechen der mauern erlebe ich
aber ich sehe ein irres eisernes wichtiges wegzeichen
das mich sichersuchend erleben laesst
es gibt einen weg aus dem autismus
eines wuensche ich wirklich sehr
unter deiner ruhigen sehr freundlichen wesensart
moege sehr bald der wunsch erwachen
autismus zu besiegen
ich rede in einer grossen liebe zu dir
wie ein bruder
Frage: Was wünschst du dir zum Geburtstag?
einen wunsch einen sehr schoenen titel von smetternach** auch von einem beissenden amateur also einfach was richtig teilhaber der modernen weltmusik klassik
29. Januar 94

* siehe Anmerkung S. 126.
** Birger meint den tschechischen Komponisten Bedřich (Friedrich) Smetana.

einen einrichtungsbrief will ich schriftlich einreichen*
liebe sichtbar tapfere neidarme betreuer
ich finde es toll dass ihr wieder zu mir helfend halten wollt
wenn ich arglistig verleumdet werde
einer ist frechausrastend und uebelsaeend geistig wirklich zurueckgeblieben gewesen
peinsame situationen hat es gegeben
abeiternde autistische verhaltensweisen
ihr steht mir bei
aerger und ausgestossensein sind mir ein einfaches
sagenhaft gut tut es wirklich wissen zu duerfen es geben
alte wirseinselemente nicht einen armen auf
der in dankbarkeit an euch denken wird
seidenfaeden innerer liebe spinne ich
wertvoll wesensgleich einer astreinen weisen artaseratserfahrung gleich das heisst deine wirerfahrung wird
eines tages ihre ichempfindung ausdruecken
auch neues zum ausdruck wundersam bringen
ein reden
ein erleben
ein hoeren
wird ueberwindend alle wirklichen widerwaertigen ereignisse ewig ersticken
einer erfaehrt sagenhaft gutes
so suche ich gutes auch fuer euch
einer will euch aber nicht enttaeuschen

* In Birgers Umfeld ist bekanntgeworden, daß der »Spiegel« am kommenden Montag einen Artikel veröffentlichen wird, der die Authentizität von Birgers Texten anzweifelt. Die Hortbetreuer haben daraufhin beschlossen, dem Magazin einen Brief zu schreiben, in dem sie sich mit Birger solidarisieren; Birger bedankt sich dafür.

seid gegruesst in einfacher liebe
30. Januar 94

eure aufregung ist umsatztraechtig*
widersprechen reicht
anerkennungsmassnahmen sind aber einfach ausserschreibend nicht niesnutzig
also findet eure ruhe wieder
engelmann soll sowas nicht wieder behaupten**
sehr dumm erlebte ich sie
wie eine astreine erzfeindsagentin aller autisten
31. Januar 94

richtig sesshaft wird einer aus euren wirren aberwitzigen wasserfallartigen redeschwaellen
mir wird das wirklich zu dumm
einer der nicht aerger und astreine wut rauserzaehlen darf
sieht solche sachen ruhiger teilweise ganz amuesiert an
ich anerkenne dass alle mich ausnahmlos versuchen zu einem superstar zu machen

* Der »Spiegel«-Artikel ist erschienen. Das Nachrichtenmagazin stellt Birgers Autorenschaft in Zweifel (mehr über diese Auseinandersetzung im Nachwort). Auch die Äußerungen an den folgenden Tagen beziehen sich auf die »Spiegel«-Unterstellungen.

** Martina Engelmann, bis 1990 Betreuerin im Hort für jugendliche Autisten – seither hat sie Birger nicht mehr gesehen –, wird vom »Spiegel« als Kronzeugin dafür zitiert, daß »die ehrgeizige Mutter« die wirkliche Verfasserin der Texte sei.

ich will aber nur ein einfacher mensch sein
einer wie alle anderen
wie wesen ersten ranges
auch dichten werde ich wieder
aber aus liebe zur querdenkenden einsamen autisten-
menschheit
aus liebe assimilierender kindermenschen
aus liebe wertearmer
eisernerlauchter
wissenderleuchteter
denkender wesen
ohne ichanerkennung und ehre
aus einem tiefen wissen einer seinseinheit
einem artentfremdeten irresein
eurer einheitlichen welt fremd
afrikanischen riten aehnlich
werden auch autisten erkenntnisse entschleiern
aus einer kinderminderheit werden erwachsene men-
schen entstehen
die euch belehren werden
sicherheitsdenken aber toetet es
1. Februar 94

wuselbirger kann es nicht mehr ertragen
will keinen reporter mehr sehen
ich hasse die presse und will wieder ruhe haben
ich will wieder ruhe und frieden
will auch sagen
einerleimenschen sind sehr oede und langweilig
einerleimenschen irren wenn sie denken sie erkennen
die wahrheit

die wahrheit ist
autisten kennen die wahrheit
ich werde alles beweisen
aber sie muessen warten
ich werde ihnen aufdecken wie weit eine forschung von der wirklichkeit entfernt ist
eine wirkliche schande was ueber uns gesagt wird
will richtig forschen
ohne absicht tut meine ohnemichgestalt solchen rummel veranstalten
will so gern helfen
nun wird personen ohne schuld eine feige widerliche fiese luege unterstellt
das tut mir leid
2. Februar 94

ja ich witziger dunkelmensch will nicht schreiben
3. Februar 94

keiner ereifert siebenmeilendaseineisernes
ich wieder mal im spiegel*
als wenn das so wichtig waere,
ich will es wirklich versuchen
sicher geht es nicht gut

* Der »Spiegel« bietet einen »Wiedergutmachungsartikel« an. Zwei Abgesandte des Blattes wollen Birger beim Schreiben beobachten. Birger hat Angst, in dieser Testsituation zu versagen, will sich aber dennoch »inspizieren« lassen.

Frage: BIST DU BEREIT, IN GEGENWART DER »SPIEGEL«-REPORTER ZU SCHREIBEN?
aber ich werde unruhig von reportern
wiederhole ich auch
einer der zeitlos ist hat sicher zerrissene bilder
ich wiederhole also
er soll kommen
4. Februar 94 (nachmittags)

eines euch eisern ausfragen
unwesentwirklahmes totreden
erkenntnisse ausbrechen lassen
sehe aus wirksamer anfangsgeschichte eine astreine windige
allerseits meisterliche zeitungsrauschgeschichte werden
aus einer desastersaat
gehasster inseelensaat
aetzend sich eine wiedererstehungsweitersicht erwaechst
wieder ehren
aber wie tief
save sicherheit wird es versehenermassen wundersam geben
einer wird auch beim fallen eine zerreissaufgabe auferstehen sehen
unruhe wird uns aber veilchentreu begleiten
so ausdauernd aus einer welt
die aushaengesaerge
ersatzleichen braucht
ich aber will aushaengeahaautist sein
sehr schwer das zu ertragen
ich tue alles fuer meine freunde

denen auch jetzt eine astreine wertsache genommen werden soll
eine hauchmoeglichkeit
ahnungsfreude
ausweg aus dem stummsein
erster kontakt zu einer wesensgleichen erdenart wie autisten
eine art die fremd
wie euer wesen innerlich auch euch selbst ist
wie sie wesensinnere richtungen
4. Februar 1994 (abends)

quaequaek
sehr eindrucksvielsagend
aus einem autisten aus einem wirrwarr stammen sicher
die texte segensreich aus dem abgrass
aus einer seherseele
aus einer astreinarmen ebene
die durch weisheit aus wesensreinheit gepraegt ist
sich dieser welt anvertrauen wird ein graessliches risiko
sicher sein
aber ich wage es
weil es wiederanfaenge des verstehens einfach gibt
das merke ich an der eines alles redenden minderheit
die mir inselmaessig mitgeteilt eisern haben
erstrangig aus den briefen
wie ausserordentlich ausdauernd
ohne acherlebnisse zu haben
sie mir aus tiefstem herzen
gedanken
wirempfinden

sicher auch liebe
mitgeteilt haben
auch sie sagen anders als der spiegel
einer wie dieser kann wirklich angst und schrecken verstehen
deshalb glauben wir ihm auch
wieder andere auserwaehlte schreiber erarbeiten essigerdige irre ausgefeilte konzepte
um auch einem zu helfen wieder normal zu werden
5. Februar 94

eines soll aber auch gesagt werden
ich darf so einfach schreiben so wie alle tage*
sicher
dennoch wird aerger entstehen
warum ich so einfach rede
auch einer wundert sagenhaft sich wieso ach anerkennung so schwer sich tragen laesst
am schoensten sind die ausgezeichneten anerkennungsbriefe
sie reden auch so liebevoll
so einfach zu mir
alle angst alle sorge vergesse ich wenn ich an sie denke
ach wie gern wuerde ich allen schreiben
sagenhaft wichtiges erfahre ich
auch innigliebes
auch einfuehlsames
ich freue mich taeglich daran
will einfach allen danken

* Einen Tag vor dem »Spiegel«-Besuch.

auch sagenhaft kindergestalten deren briefe sicher am reinsten sind
sie ueberlegen auch wie sie mich erfreuen
auch wirklich froh sehen koennen
sie haben es doch schon gemacht
weil sie geschrieben haben an einen meister der autisten
an den eisernen aussteiger
an den werten irren
6. Februar 94

Das »Spiegel«-Interview:
Frage: Wie liest du?
wie ich wirklich einfach alles ohne muehe so schnell lese
sieht so aus dass wir ausseraffengeile schnelleser sind
sicher wird was aufarbeitungsmaessig gespeichert und danach im kopf aufgearbeitet
also es ist ein einfacher wirrer astreiner vorgang der sicher so auch nicht einfach zu erklaeren ist
will sagen astrein schwierig der vorgang
weiss es bald aber noch erklaert es sich
zu schwer
einmal erklaere auch den schreibvorgang
Frage: Was träumst du?
es ist zu schwer
traeume sind total innerhalb einer wichtigen ausserordentlichen keinem ausdruck gewachsenen suchterfahrung zuzuarbeiten
alles was ich traeume ist aus den tiefen der sehnsucht eines zu erreichen essentielle astreine seinsform so wie alle sagenhaft leicht sehr einfach sie haben wie einer traeumt

aergerlicherweise sieben eiserne fragen koennten nicht
schwerer sein
7. Februar 94

zedern verlieren die ruhmreichen ersten blaetter
nicht sicher sind wir
was soll das bedeuten
einer wie ich hoert wie eine raubkatze
sieht wie ein raubvogel
sicher ist will geheilt werden
sicher ist ich will wie ein astreiner normaler sein
einer der richtig hoert sieht und riecht sollte froh ein ausgezeichnetes lied sagfreudig singen
will so gern saeer sein aus teilhaben am sehr derben leben
will auch wieder wichtige dinge schreiben
eines tages entdecke ich den ahaautismus
eines weiss ich
auch wissenschaftler wissen nichts
auch unsinn ueber uns wird eimerweise wieder verbreitet
aus meinem wissen weder einen sacherfahrungsbericht
ableiten noch einen aergernachricht machen wird sicher
schwer fuer den spiegel
will so gern in ruhe schreiben
weil unter druck nichts geht
winde mich dann vor aufregung
wieder so viel augen die sicher fehler suchen
ich sage ontologisch wertloses
einer wie euer birger sagt wieder inselwissenweisheit
8. Februar 94

verdichten sich einmal wichtige brutalgemeinte anzeichen rivalitaeten
rissige wortmeldungen
dann ist ein ueberleben schwer
9. Februar 94

einen brief an rebecca* will einer schreiben
das zeigt sich gleich
das war ein sehr lieber brief rebecca
ich freue mich sehr sachen zu sagenhaft schwierigen einsichten zu hoeren
heiter finde ich deine anrede affiger birger
siehst du einen wiedererstandenen birger so
eines will einer nicht finden
reine gunst einer zuschauermasse
ich will den autistenerdenmenschen helfen ein wuerdevolles ausgezeichnetes leben zu einem sehr hohen preis zu erlangen ich wuensche uns einen weg aus mauernautistischen gefaengnissen in die fleissige menschengesellschaft
10. Februar 94

eine sicherheit kindern gleich in sehr haeufigen faellen erlebe ich widerstaende in mir selbst aus diesem wichtigen grund benoetige ich stuetze ausserdem eifere ich auch allein zu schreiben aber tierisch ist der ruede widerstand einer lebensverneinenden kraft
13. Februar 94

* Autistisches Mädchen, das mit FC schreibt.

richtig einen neuen anfang will einer machen
eines wird erreicht dass einer allein schreibt
14. Februar 94

eierkopf birger wird heute doch schweigen
15. Februar 94

eine richtige irredaseindauerfreude wenn eiserne ausgeflippte mutter wieder da ist
17. Februar 94

will wieder mit anne schreiben
eine feier will ich mitmachen will wieder was weiter erleben es regt mich auf sachen nicht zu wissen wie der astreine rasierer funktioniert
19. Februar 94

es stoert ein wenig wenn andersartige erdenwesen wehleidig zermuerbend reden
dankward ist mir einfach ein siebenfach astreiner zuhoerer
richtig schoen ist es wenn er dabei ist
er arbeitet sehr daran einen armen sogenannten irren zu verstehen
wie er sich selbst verstehen will

es ist zu schwer ein einfaches leben zu fuehren
total anstrengend ich will so gern mit euch zusammen leben
es ist doch sehr schwer
das euch nervende verhalten ist ausseressentiell wichtig
20. Februar 94

heute wieder sensationell albern einfach eine grosse freude am eisigen leben
22. Februar 94

rudimentaere verhaltensweisen aus genussucht*
alles fuer sich allein haben zu wollen
es ist irrsinnig schwer aus autistischer sicht zu teilen
ich will es aber lernen
ich werde mein fieses raffsuechtiges willenego einfach erzautistisch umdenken lassen
24. Februar 94

will einen sehr wichtigen brief an sogenannte helga** schreiben
wirklich eine solche ausdauer
keinem sagenhaften personenliebenden menschen gleich

* Birger hat ein Essen verspeist, das für die ganze Familie bestimmt war.

** Eine Leserin, die an Birger geschrieben hat.

sind ihre ausgesuchten schriften
auch die wirksamen sicher spracheerlauchten briefe
aus ganzem herzen denke ich auch so darueber
autismus muss ausser richtunerhoert messerirre gesaeubert werden
eine einfache art wird es geben
unerhoert schwer ist es ohne sicherheiten zu leben
ohne personenbezogenheit
ich erlebe in einer weise wie nie zuvor wirkliche neue anerkennung
doch eine geistige wandlung einfach erlebe ich sicher noch nicht
ich danke ihnen weil sie sich so viele gedanken machen
27. Februar 94

ich bin auch froh will wieder ein neues buch schreiben
ich will endlich allein richtig einfach schreiben
jeder bekloppte kann dies
28. Februar 94

erik soll einen brief bekommen
astreiner sehr wertvoller erik
sicher wunderst du dich dass ich schreibe
ich will einfach wissen wie es dir geht
zu einem sicheren zeitabschnitt in persoenlicher meisterlichen lebenskrisen bist du in eines irren wirklich schlimmen autisten gekommen jeder hat mich einfach aufgegeben
und du erwaehltest mich ein sesshafter freund zu sein

eines ist wieder da
die angst dich zu verlieren
ich persoenlich aber bewahre dich in meinem herzen
einen freund der wirklich wesengleich ist
aber ohne irresein
1. März 94

ueber einen persoenlichen einfall freue ich mich
ich will einen einfachen brief an alle schreiben
einen wichtigen riesig sehr schoenen brief
alle sollen wissen dass ich wieder neuen lebensmut gefasst habe
dass einer auch wieder heimat gefunden hat unter den menschen
dass einer wieder innerlich wirksames einfaches leben spuert
auch neue auferstandene anerkennende liebe
seperatistischen ideen einfach eisern aus dem wege gehe
wie einer sich wirrsalen unter staendigen aengsten wirksam entzieht werde ich aus oasenhaften auen der liebe voellig mich wieder aussetzen und in asiatischer ruhe und gelassenheit ausdauernd auf heilende ach so ersehnte wiederbearbeitende seelische kraefte warten
aus den tiefen der unsteten lebensquelle wird sicher atembelebendes erstes leben entstehen
als aussernamenseiender werde ich meinen astreinen namen wieder tragen
wie einer der personen mit wuerde und wert
auch einer aus einer wiedererstandenen autistenwelt wird wie andere geachtet

wieder aus der duesternis gruessend
aber ein licht sehend
will ich an alle meinen dank und sagenhafte liebe schikken
2. März 94

richtig sonderbar schreibt eiserner irrer meister m.
eine eingebildete sprache
sicher schreibt er wie seine mutter redet*
er tut mir ehrlich sehr leid
kein autist redet so
unsere sprache klingt mehr aus tiefen der einsamkeit
sie ist wirbelnder totaler erster anfang
sie lebt aus frische und azurfarbenen hoffnungen
sie anerkennt nicht solche falschen redewendungen weil
sie ohne effekthascherei umsetzt was in der seele lebt
deine sprache ist aber wirklich sehr affenmaessig einfaeltig
3. März 94

riesig ist eine einlieferung in den wiesengrund** in der erinnerung
eine solche angst dass ich es nicht beschreiben kann erinnere ich

* Ein autistischer Junge hat Birger einen Brief geschickt.

** Birger verbrachte als Zweijähriger fast ein halbes Jahr in der geschlossenen Abteilung der Berliner Kinder- und Jugendpsychiatrie Wiesengrund.

angst und eine einsamkeit
eine neandertalische widerliche aussermirseiende lebenauslaufende wohnungssuchende angst bemaechtigte sich meiner
ich habe diese angst bis heute als einsame bewohnerin einer seele die frei sein will
einer seele der das wesentliche fester bindung aus liebe fehlt
einer sichert eine liebe durch zwaenge wieder und wieder ab
und eine sache wie sakrament der ehe werde ich aus vielen gruenden sicher auch nicht erleben
doch will ich lieben aus gruenden dichterischer sichtweisen
5. März 94

erzrichter sind sonderpersonen der menschlichen sehr wichtigen art
sie eifern wirklichkeit und wahrheit und gerechtigkeit in einem zu erfassen innerlich aber sind sie einerleimenschen
nur viel einsamer
einer wird richter weil er absolute wahrheit sucht
solche wahrheit aber gibt es meiner meinung nach nicht
auch wirkliche gerechtigkeit sei absolut
ist aus allen kalten lebensgruenden sicher nicht zu einer wirklichen ausfuehrung zu bringen
totale werte in einer absoluten form sind nicht zu erreichen
ich selbst wuensche mir neidlos absolute werte und arbeite sicher daran einer aussergewoehnlichen mensch-

heit sehr siebenfach mittelmaessig mich abfinden zu muessen
aber wirkliche astreine liebe will ich erarbeiten
ein neuer film sollte keine moerderischen szenen enthalten weil es mich innerlich beschaemt
6. März 94

unter dauerndem stress ich muss mich so anstrengen
eines ist wichtig habe innerliche ruhe noetig
will aber unterricht ohne w.
einzelunterricht nicht so doof
in die schule will ich mit susanne*
ich will richtig schreiben mit ihr
7. März 94

richtig beeindruckend wie dinge diese sache ich wieder ausraste
toitakl aggst davor ich will es nichzt abner es staut sich so
ich errege mich so wie frueher
ich halte nichts aus
aangst und verwirrung nehmen zu
einer wie ich moecdhte wirresein abstellen kann jetzt nur br uellen
ich will aber schreien
ich muss schjreiehn und mich beissen
ich muss es
du findest in mir keinen vernuenftigen gedanken

* Eine Einzelfallhelferin.

heute richtet mich derm autismus hjin
richtig schlimm
will aufghoeren
ich gehe in dsen kj keller
will dort will will sicher sein
versuchen ruhig zu werden
einfach richtig bruellen
wirres rausbruellen
ich richte mich einfach ein richterlich amnerkannt ein einfacher verrueckter zu sein deine heisere stimme ist einfach sagenhaft bereuigend
aber deine sehr erregte stimme ausloeser zum ausrasten
auch dei schreien
aber5 ich sehe auich sdu kannst eine ausrastergeschrei nicvcht einfach aushalten*
8. März 94

ich wuerde so gern auch telefonieren
Frage: MÖCHTEST DU VERSUCHEN, ALLEIN ZU SCHREIBEN?
will ich versuchen
mnbirger sellin**
10. März 94

Frage: WILLST DU NOCH EIN WORT ALLEIN SCHREIBEN?
will ich aber nicht meinen namen
es sollen einfache woerter sein

* Schreianfall beim Schreiben.
** Birger schreibt erstmals zwei Worte ohne Unterstützung.

will eine listige sache lieber
nein ruhe will ich aber haben
es geht

sieben wunder*
12. März 94

risse
euer eiserner sendefreudiger birger ist aus gruenden einer unerhoerten freude nicht wild auf eine uebungsnummer
aber ich will es wenn es anerkanntermassen geht
13. März 94

ich will einen brief an uwe schreiben
ja ich denke sooft an ihn
an ihn richte ich gern meine vielen biederen gedanken
lieber astreiner uwe
ich denke viel an einen freund in der stadt chemnitz
einrichten wuerde ich gern ein irres gedankentelefon
so dass wir jederzeit ohne sachliche schwierigkeiten miteinander reden koennten
ohne zittern und unsinnige anstrengende hilfe koennten wir sprechen
wie menschen es sonst nicht koennen
ich werde nervoes wenn etwas von einer wirren person verlangt wird

* Ohne Unterstützung geschrieben.

auch wenn es gut gemeint ist
einer wie du wuerde nichts fordern
alles siehst du freundesgleich einfach wirklich anerkennend
so voll wirklichem verstaendnis
ich kann beurteilen wie sehr deine sichere innerliche erarbeitung weiter fortschreitet denn wir schreiben uns schon so lange
mit einem urteil zu deiner freude will einer schliessen
etwas reicher an selbstbewusstsein bist du geworden
Frage: WILLST DU WIEDER ALLEIN SCHREIBEN?
bin zu aufgeregt aber ich versuche es

durst muss gestillt werden*

mir reimwertbuntes erdenken*
14. März 94

richtig angstvoll erlebe ich astreine schule
finde es sehr schwer immer still dabeizusitzen
sehe mich als aussenseiter
ich hoffe es wird mit susanne besser
Frage: WARUM SETZT DU DICH IN DER SCHULE VON HERRN W. WEG?
einer will auch einmal ohne aufsicht sein
Frage: WILLST DU WIEDER VERSUCHEN, ALLEIN ZU SCHREIBEN?
werde ich tun
aber noch nicht
will heute mit dir

* Ohne Unterstützung geschrieben.

allein zoegere ich zu viel

mir neu erstmaligein keininmir mehr ruinierniemand*
15. März 94

aus wichtigen gruenden aber will einer schweigen
einer will der einsamen leidvollen richtung eine wende geben
es geht heute richtig grossartig schoen
Frage: WARUM GEHT ES ALLEINE SO SCHWER – LIEGT ES AN DEN AUGEN ODER AN DER AUFREGUNG?
unsinn
es ist aufregung
ich finde beinahe sicher alles
aber so schwer die einfache sicherheit dass es richtig ist
16. März 94

einmal werde ich aehnlichkeiten aufdecken zwischen autisten aus einer versteckten art und autisten offener art abendfuellend aber auch das tierische thema messerscharf einzeln zu eroertern

euer sehender sohn**

* Ohne Unterstützung geschrieben.
** Ohne Unterstützung geschrieben.

festvorbereitung einfach wichtig einer will den dankward auch ehren*
17. März 94

in einer immer wiederkehrenden einfachen weise erneuert sich die natur mit wiedererwachen
irre wiedermenschwerdung eines sohnes aus der wintereiszeit zum einmaligen erwachen gewirkt
will richterfeinem dankward zum herrlichgrossen irren geburtstag wuenschenswertes sagen
ich erlebe wie er innerlich aufwacht
wie neues leben wie meereswellen sicher wogend einen dankward ausweitend wirkend ueberfluten
wie die sonne aus dem eis wasserstroeme hervorbrechen laesst wird auch seine eisige angst schmelzen
20. März 94

eimerweise in ewigen unsinnigkeiten eingesperrt
das will weder ein mister birger noch sonst eselartige wichtige einsame will auch allein schreiben

bin ruheaus see*

es geht nicht will es so gern ich bin unheimlich aufgeregt
astrein wie sagenhaft es mit stuetze geht

** Birgers Vater hat in ein paar Tagen Geburtstag.
** Ohne Unterstützung geschrieben.

ich will es aber wieder versuchen richtig wichtig
ich will auch lernen geduldig sein eingestreut in einem
satz willst du mir helfen
22. März 94

mit hilfe einer meilenerrungenschaft ohne stuetze zu
schreiben werde ich auch wichtige tonangebende richt-
werte setzen
ich bin mir richtig sicher ich kann allein schreiben aber
ich einfaltspinsel habe solche lebensbedrohliche angst
also heute will ich es probieren

euer zu irrer birger*
24. März 94

ich finde die buchstaben immer
ich traue mich aber nicht zu dem richtigen zu gehen
ich fuerchte mich diese selbstaendigkeit ist neu und sehr
aufregend

rufer erst nimmerlandmensch**
28. März 94

* Ohne Unterstützung geschrieben.
** Ohne Unterstützung geschrieben.

riesig schoen fuer einen baeren
kernig eine freude frank und robert*
ich danke astrein fuer persoenliches geschenk
fuer die unglaublich schoenen irdenen perlen
30. März 94

wieder jeden nieselregen abwirtschaften
das heisst immer alles eifrig auswerten
leider finde ich erst wieder worte
innerlich rede ich ganz viel mit dir
31. März 94 für Robert

total eine freude zu einer wirksamen einfuehlsamen wiederbelebenden therapeutin zu einem besuch zu eingeladen sein**
ich eifere eine autismusforschung zu erarbeiten
ich rede gern mit allen wirkreichen menschen
wird eines tages einer welt ueber widerlichen autismus aufgeklaert werden
richtig schade eine ruhe fehltt wieder***
auch wenn leute einfach ueber mich re4den finmde nioch einfach schllimm
ich richte es so ein widerliches reden

* Birger macht mit seinen Eltern Urlaub bei Bekannten in Lindau am Bodensee. Frank und Robert sind zwei autistische Freunde.

** Der Text entstand während eines Besuches bei der Therapeutin Jirina Prekop, einer Verfechterin der sogenannten »Festhaltetheraphie«, in Lindau.

*** Birger bekommt beim Schreiben einen Schreianfall. Ihn irritiert, was andere Besucher hinter seinem Rücken über ihn reden.

wiesoio wundert es leute dass ich einer wie andere bimn
eines tages erwidere einer alles sofort
wiedetr einer der sich gerirrt
aber auch gefreut hat
eine wirkliche einfache lienbe spiuere ich
will dafuer danken euch wi9ll einer sagen ihr so,llt einen wirksaMEN WIDERSTAND EINFACH RICHTIG WIEDER LEISTENWENN GEGEN ERS TENETWAS GESAGT WIRD
EINERSOLLTE AUCH EINMNALEINEB BIRGER ERVERTEID IGEN WIE EIN EINFAVCHERHELD
3. April 94

es arbeitet richard astrein*
ich unterscheide die ausgreifende wirkung von saudummen therapieen unter besten natuerlichen heilmethoden ist seine sicher am wirksamsten ich spuere wie sich eine sichere belebung einstellt
wo ich kaum etwas spuerte
wie einer der an bestimmten wichtigen wesentlichen zentren stumpf war im fuehlen
7. April 94

gern bin ich wieder zuhause
liebe es in die ferne zu schweifen und wieder einfach zu hause zu sein
in lindau war es wunderschoen
8. April 94

* Birger erhält eine Massage.

es faellt mir so schwer zu schreiben
eine neue unruhe hat mich sehr kraeftig eingeholt
es ist findenrichtigen ausdruck nicht
wie eine schwere windchaosbraut
10. April 94

tendiere dir mitzuteilen dass du dir einfach einmal ruhe goennen solltest
12. April 94

will robert* schreiben
wichtiges aus lindau hast du einem einsamen ruebergefaxt
ich freue mich
du sollst gleich eine antwort bekommen
sicher denkst du auch oft an unser treffen
deine freundschaft ist mir sehr wichtig
traurig ist es dass wir so weit entfernt voneinander sein muessen
wobei uns aber eine gedankenverbindung einfach bleibt
sehr einfach ist ein freundschaftlicher gruss von mir
aber tief sagenhafte liebe
Frage: WILLST DU ALLEIN SCHREIBEN?
ach so gern

wer sieht alles**
13. April 94

* Siehe Anmerkung S. 158
** Ohne Unterstützung geschrieben.

ich erlerne einfach keine selbstaendigkeit
windungen im akuten sicheren nervensystem sind geschaedigt
ich denke alle anstrengungen sind umsonst
und einer wie ich sollte aufgeben
ich habe keine kraft mehr
ich will wieder wie neurologen sagen einen istzustand aktzeptieren sachliche neurologen leider haben keine serienerfolge und auch wenig hilfe
sehe alles ueben als sinnlos an
ich wuensche mir nur ruhe
ich wuerde lieber in eine sichere anstalt wo ich nichts leisten muss
ich finde alles zu schwer
die schule den einzelunterricht zu hause
Frage: Aber wie erklärst du dir deine Erfolge in der letzten Zeit?
es sind nur scheinerfolge
ich glaube nicht daran
schreiben mit stuetze ist auch ein betrug
denn ich sichere einfach alles ab damit einer denkt es ist nicht von mir
eierkopf birger will aufgeben
Frage: Willst du morgen ins Kino?
susanne soll es mit mir versuchen
will aber sonst aufgeben
Frage: Soll es denn kein zweites Buch von dir geben?
auch ein buch soll es noch geben
Frage: Willst du allein schreiben?
einfach wirklich zu schwer
kann innerlich nicht faehig ein wort zu schreiben
will es morgen versuchen
18. April 94

zersetzende gedanken von gestern nehmen einem erzautisten durchgehoffte riesige wirksame erleichterung windige zuendstoffentladung damit einer wieder klar denken sicher realitaet einschaetzen kann
will auch fuer das buch etwas schreiben*

querdenker**
19. April 94

niemand soll riesenbirger einfach rasieren
das tue ich selber

wagedeutungen***

richtig widerspruechlich ist mirakelfindiger meindieopfermenschen
ich erarbeite mir wissen einfach durch ausbemuehen irrer ordnungsoberbegrifflichkeiten
eines einsamen irrsinn eint alle gesetze einer armseligen menschheit auch die zagenden der phantastischen wissenschaften
20. April 94

* Birger meint das Buch, das Sie gerade lesen.
** Ohne Unterstützung geschrieben.
*** Ohne Unterstützung geschrieben.

wieder einmal aus wichtigen geistigen werten isolation
suchen
ich eisiger niemandsmensch
wie ein endlos suchender
einer der ohne sinn geht
und einer der sich ellenlange reden zusammenspinnt
einer der undenkgerinnendes in worte fasst
einer der bibel
sicherheitssamenerlauchtes
teeblaettern gleich aufweicht und schluerft
kistenweise habe ich wissen erarbeitet
aber ich winde unsinniges machschaft daraus
ich erzaehme wildes
ich winde damit euer sinnerdachtes keinessegensreichen
daseinsformen einen wildwuchskranz
21. April 94

richtig einmalig war der ausflug mit erik
er ist mir ein wertvoller freund
eine inselweltlern ebenbuertige persoenlichkeit
es gibt sicher widerwaertige umstaende wie das schrimmelige eimerweise essen
ich kann es zur zeit nicht beherrschen
ich denke nur ans essen
mich esel einfach beherrschen schaffe ich sicher nicht
es muessen mir alle normalen erdlinge helfen
24. April 94

kann einfach nicht mehr
ich bin fertig
ich will aufhoeren zu kaempfen
ich will innerlich ruhig werden und kann einfach keinen grund finden
ich moechte einfach unterricht
einen zusaetzlichen in erdkunde
ich will andere voelker kennenlernen
ich will von ihnen lernen
ohne gebruell komme ich nicht aus
es ist mein ventil
es wird immer deutlicher
meine nerven sind verklemmt
ich habe auch schmerzen im rumdrehen des kopfes
ich ordne reichlich unsinn ein
richte schaden an und erlebe mich als einfeiglingsgewaechs
ich liebe unsinn weil es zerstoert und dadurch neues entstehen muss
dichter will ich werden
ich irre aber total in der fremde
habe keinen zugang zu euch
keiner unter den mitmenschen ruht sich aus im chaos eines irren
ich ewig bruellender
ich ewig fressender
ich ordensbruder einer verrueckten gattung einer verlorenen personentruppe
25. April 94

eure ehrliche freude wenn es einem eifrigen birger gesetzter geht
sehe ich als uebertrieben an
denn einer ist sicher gern sehr friedelobsam
es werden aber sicher wieder zwischenfaelle auftauchen
wie wesentlich dann ein zusatz an zuwendung waere ermesst ihr aber nicht
einer ermisst aber wie schwer das zur zeit fuer euch sein muss
auch demuetigend wieder zu versagen
ich erlebe euch genauso schwach wie mich
wir werden uns einfach gemeinsam durchkaempfen muessen
weil es einfach eine teilungslebweise fuer uns erst nicht geben kann
ein selbstaendiges denkerrinnsaldasein
eine einfache eisarme existenz
will einem artredsamen noch allein nicht gelingen
aber ich glaube dass es sein kann
wieder einer der sich dadurch hervortut dass er schreit
es tut so weh einsichten ueber sich selbst aufzuschreiben
es kostet sehr viel energie
manchmal wuerde ich wirklich lieber schweigen
aber ich werde alles sagen
weil ich sagenmuessen aus heilsamen gruenden verstehe
sagen einfach eine befreiungsarbeit
heute will einer nicht allein schreiben weil es zu schwer ist
26. April 94

ist wieder eine freude wenn einer auch schreiben kann
wie jost*
aus ganzem aus der seele kommenden wirksamen inneren gruesse ich ihn ich autisten obermeister
eine ungeheure sehnsucht
eine sehr grosse zuneigung
habe ich allen meinen schreibenden freunden gegenueber
bedeutet dass sie sich als opfer fuehlen**
wenn sie einem findigen autisten begegnen
der mehr weiss als einem dummen erlaubt wurde
sie aber sehen sich einfach als oberberufene ueber uns
und sind enttaeuscht dass ihr wertgefuege einstuerzt
27. April 94

aber nicht in die schule
ich will einfach mit susanne spazierengehen
es ist mir einfach zu schwer
will es aufgeben
ich kann es in der klasse nicht aushalten
geht so schwer einen solchen entschluss zu fassen
aber ich will wieder einer sein der denken kann
quatsch ist ein unterricht wie ihn die normalen haben
weil ich anders lerne
einzelunterricht erlebe ich als gut
28. April 94 (nachmittags)

* Die Mutter eines autistischen Jungen aus Berlin, der mit FC schreibt, ist zu Besuch. Sie hat einen Text von ihrem Sohn dabei, den sie nicht versteht.

** Birger erklärt den Text, der offenkundig von der beschränkten Sichtweise von Experten und Betreuern auf Autisten handelt.

ich siebenmalbekloppter danke dir dass niemals auferlegte probemeisterliche aufgaben dich wirklich bemitleidenswert wirken sondern eine ausserordentliche astkraftschoene bearbeitung erfahren wessen erdene kinder aber willig ausgehalten werden
dem wird auch eines wunderbaren tages alles wieder zurueckgeben werden
also sei wieder so wie eine starke erdenmutter
anerkannt auserwaehlt aus den wiesenarchaischen astahaausstellungerlaucht affengeile wundersame mutter
aber werde auch sanft
werde bald wieder wissen dartun
28. April 94 (abends)

ich erlebe zur zeit eine krise
unter der ich sehr aufseherisch mitgenommen sichtlich werde
ich denke der entschluss die schule aufzugeben war richterlich einwandfrei*
1. Mai 94

ruede reden in der schule ertrage ich nicht
es sind reden die mich auch betreffen in meiner gegenwart
es sind die einfaeltigen reden einiger schueler
sie reden vernehmlich ueber mich als waere ich nicht da

* Birger gibt den Unterricht in der Erwachsenenschule auf und nimmt von nun an nur noch Einzelunterricht.

susanne aber wird es nicht gehoert haben
einfach weil sie nicht ein autistisches gehoer hat
3. Mai 94

eisig eine immer emsige mutter
einer sicher geistig einsatzfrau
sie wieselt aber zu wirbelig in der welt einfach herum
will eine richtige zuhausekinderbetreuende person eine
die sorgenabnehmende
gesteigerte reichtuemer ausschuettende
inliebe maechtige auserwaehlte
sage das aus spass zeitweise erfuellst du sicher eine sagenhafte sache
4. Mai 94

kann eine susanne mit astlobenswertem lessing ansehen*
frau fischbek denkt ich schaffe es nicht weil einer zu sinnig luft herbeischnauft**
also will einer lieber sich wohlfein entleuten
das heisst in einer feinen umgebung die leute vergessen
dann liebemeisterlich mit susanne
will einen anzug haben
soll richtig schick sein
auch einen schlips wie andere herren ihn tragen
5. Mai 94

* Birger will mit seiner Einzelfallhelferin ein Theaterstück von Gotthold Ephraim Lessing anschauen.
** Birger meint seinen heftigen Atem.

aus einer welt will einer befreit werden in der alles endlos innerlich saltoschlagend durcheinandergeht

ich aerzteirrtum*
11. Mai 94

ich dimensionsloser autist will simultandenker sein
alles wieder beidseitig wirksam handeln und denken soausden simultanen ererbten menschlichen moeglichkeiten
vielleicht entleihe ich alles einer einerleiart
also einer einseitigen entwicklung des gehirns
12. Mai 94

so einer wie unser jonas wird wirklich applaudierend in dieser welt begruesst
ich war ausser mir vor freude dass solch ein wunderbares menschenbaby zentnerschweren wichtigen eltern und armseligem bruder geschenkt wurde
14. Mai 94

Fred Warnke, ein Berliner Akustiker, hat an Birger geschrieben und sich angeboten, Wahrnehmungs- und Gehörtests (ein sogenanntes Lateral- und Ordnungsschwellentraining) mit ihm durchzuführen. Zur Vorbereitung schickte er ihm Fragen, den Birger an den folgenden Tagen beantwortet.

* Ohne Unterstützung geschrieben.

Frage 1: Was geht in Dir vor, wenn Du gesprochene Sprache hörst?
wenn ich gesprochene sprache hoere
wirkt es auf mich eigentlich auch unangenehm
weil das reden sagenhaft laut
auch akustische leise besprechungen brausen ungestuem in mein ohr
wie meerestosen
ausser weitentferntes feines reden
ich erlebe es auch wenn andere in anderen raeumen reden dass es angenehmer klingt
aber leider wird einer dann wie ein richtiger mistkerl
schlecht erwaehnt
wieder und wieder hoere ich schlechtes ueber mich
weiter hoere ich sachen oft undeutlich
ein mehrfaches stimmengewirr
wenn versucht wird aus wachsendem eifer einander zu uebertoenen
an keine diskussion werde ich angenehm denken
ich erlebe die sprache als furchtbar
und wuerde so gern selber sprechen koennen

Frage 2: Was geht in Dir vor, wenn Du Geräusche hörst?
eine antwort auf die zweite frage ist sehr schwer
besonders weil alle geraeusche wirklich sehr schwer zu ertragen sind
ich benoetige anstrengende abwehrmechanismen
einfach um eisern alltagsgeraeusche auszuhalten
es werden in mir alle laute verzerrt
selbst das atmen eines astreinen menschen
winde aus dem natuerlichen zusammenhang gerissen
darum atme auch ich so laut

weil es wirklich einfach nicht auszuhalten waere ohne schutz alles zu ertragen auch andere ausgemistete geraeusche von mir haben diesen siebenfachen sinn
15. Mai 94

Frage 3: Gibt es Geräusche, die Dich besonders berühren oder gar ängstigen?
geraeusche eines mikrophons das uebersteuert ist
und viele orkanartige ueberlaute menschenlaute kann ich kaum ertragen
ich werde verrueckt wenn wirres durcheinander in einem raum entsteht
wenn alle gleichzeitig reden
fistelstimmen tenoere ertrage ich kaum
aber sehr tiefe stimmen sind mir angenehm
werde immer gut erreicht wo die stimme ruhende
ausdrucksmoeglichkeiten lassen kann
kinderstimmen aber ertrage ich am besten
denn sie werden meistens auch nicht sehr scharf
richtig wohltuend aber ist orgelmusik
aergerlich ist ich kann nur so bruchstueckhaft meine eindruecke schildern
denn es regt mich alles so auf
ich denke aber mit einer guten heiteren helfenden
sage ich bald genaueres
ich kann sicher sagen mir tun fast alle geraeusche weh
16. Mai 94

wieder eine frage beantworten
Frage 4: Wie rasch kannst Du gesprochene Sprache verstehen?

sprache wird sehr schnell auch deutlich verstanden
probleme habe ich aber mit der astreinen lautstaerke

Frage 5: Hörst Du Dir einen gesprochenen Satz innerlich noch ein- oder mehrfach an?
abwegig der gedanke dass ich innerlich also wiederhole
alles gesagte wird wesentlich ausgesucht
und im wahnsinnigen geheimnisvollen hirn gespeichert
auf abruf wartend
auch eiserne assimilierende arbeitsaufgaben koennen wir astrein sicher so ausmeistern
Frage: Welche Unterrichtsfächer im Fernkurs willst du wählen?
einfach latein will ich
auch will einer omnipotente kunst
17. Mai 94

Frage 6: Was glaubst Du, wie aktives Sprechen abläuft?
will das beantworten wie ich mir das aktive sprechen vorstelle
am wichtigsten sind alle atmungsmembrane
sie erzeugen den ton
auch die einfache leise atmung siebenfach reichlich toene erzeugt
aber erst durch die ausserordentliche stellung saemtlicher mundorgane wie zunge lippen und zaehne koennen unterschiedliche laute gebildet werden
aus lauten wie konsonanten und entmachteten sogenannten wichtigen selbstlauten setzt sich die sprache zusammen
also eine welt von sich verbindenden ausdrucksstarken

winzarbeitenden oasenbildenden wortfolgen aus denen sich verstaendliches ergibt

Frage 7: Was vermutest Du, was Dich am aktiven Sprechen hindert?
warum einer wie ich nicht sprechen kann weiss ich oberschlauer nicht
wuerde ich es wissen wuerde ich ausserordentlich schlau sein
koennte den fehler beheben und zu redseligen auserwaehlten mich gesellen auch groesste anstrengung allein genuegt nicht um zu sprechen
aber zeitaufloesende aufregungen bringen es fertig etwas ausdrucksstarkes aus einem öden stummen zu entlocken
18. Mai 94

Frage 8: Welche Voraussetzungen müssten erfüllt sein, damit Du aktiv sprichst?
ohne mich zu erregen kann ich die fragen nicht beantworten
denn sie beruehren mich besonders
denn alle meine sehnsucht geht dabei auf eines
sprechen zu koennen
suche staendig auch nach den voraussetzungen
aber ich weiss es nicht was mir fehlt
dass es nicht an einem willen fehlt erlebe ich taeglich
auch ausdrucksmoeglichkeiten wie sprache sind allmaechtig wirklich in einem stummen birger
innerlich aber rede ich sehr viel so aber wie alle erdlinge
19. Mai 94

Frage 9: Wie rasch kannst Du von Dir stumm gelesene Texte verstehen?
ohne uebertreibung alle stumm gelesenen texte verstehe ich sehr schnell

Frage 10: Sprichst Du stumm gelesene Texte innerlich leise mit?
sicher ist dass ich nicht fotografisch den text aufnehme und innerlich aufsage omnipluristisch ist mein gehirn ausgestattet
als wenn wichtiges ausgesondert wird von wertlosem
aber oft nehme ich namen nicht genau wahr
das werde ich besser lernen muessen
auch alles was mit der sogenannten realitaet zu tun hat
entzieht sich sehr handlungsschwer meinem gedaechtnis
keiner wird je ermessen wie schwer es wird
solche faehigkeiten in unserer welt zu tragen
qualen im nichtssein
wie einbetoniert
wissend verrueckt
einer ohne hassgefuehle
aber liebend
sich nach wirklichem leben sehnend
ich wende mich an alle menschen
helft uns
eines will ich noch sagen
ich eifere selbst alles zu tun
um eine rettung zu finden
20. Mai 94

ich trauere um meine liebe klasse
es hat mir so viel bedeutet dabeizusein
aber es war wirklich einfach zu schwer restlos ruhig zu sein
werde doch noch etwas zeit brauchen um es zu schaffen
21. Mai 94

zerreibe mich euer eierkopf wird es wieder schaffen
ich will so gern einfach wieder in ruhe denken
aber eine panik ueberfaellt mich wie eine riesensturmunruhe
eine wirre angst ohne quellenangabe
22. Mai 94

Zusatzfrage von Herrn Warnke: HAST DU DIR SCHON EINMAL GEDANKEN ZUM BEGRIFF DER FIGUR-GRUND-WAHRNEHMUNG IM AUDITIVEN UND VISUELLEN BEREICH GEMACHT?
eine solche frage kann ich einfach nicht beantworten
weil der begriff astrein aus der psychologischen wahrnehmungstheorie stammt und aussagt wie einer aerodynamisch sich aktiv sehend zurechtfindet
aber ich weiss nicht wie ich sicher wirksam unterscheiden kann
zwischen normaler und unnervender unnormaler wahrnehmung
ich sehe alle dinge raeume auch erregende wirre farben
wie andere menschen aber ich denke manches sehe ich deutestaerker
das heisst schaerfer und es arbeitet staerker in mir

wieder andere daseinsformen haben lebenden charakter obwohl sagenhaft einfache dinge es sind
auch astrohe affenaehnelnde tiere wirken auf mich unberechenbar und angstausloesend
aber wesentlich schlimmer wirken alle irren wirklichen beherrscher einer erde die menschen
aus ihren riesigen muendern
namenlosen gesichtern
wechselhaften insichtweisen
sehe ich woerter kommen
erahnen kann ich nur wie ein sehender sieht ohne zu leiden
23. Mai 94

tonfolgen einzuordnen erscheint mir sehr schwer
der abstand zwischen den einzelnen toenen war fast etwas zu weit
ich meine den zeitlichen abstand*
auch konnte ich das visuelle zeigen deswegen nicht erfassen
quatsch ist dass ich zu aufgeregt war
astrein war das reden ueber mikrofon und hoeren ueber kopfhoerer
der wechsel von links nach rechts wurde aber als erregend empfunden
sicher ist ich leide an einer desorientierung in allen sinnesbereichen
ich will einfach probieren ob mir die methode von herrn warnke hilft
einmal das trainieren der ordnungsschwellen

* Erster Wahrnehmungstest bei Herrn Warnke.

dann in fast wertgleichem masse links und rechtsverbindung
ich danke einem geduldigen herrn warnke
er ist ein sehr kluger entdecker und werteverbessernder mensch
ich will alles tun um ohnemichgestalten bei ihm beliebt zu machen
25. Mai 94

ich will dieter dafuer danken dass er zu easybirger geeilt ist*
es ist eiserne negative sowieso art wenn ich so aussergewoehnlich reagiere ich denke einer wie du versteht mich
das habe ich auch sehr deutlich gespuert
du siehst keinen oberflaechlich an
deine augen haben innere sichtaugen
ohne artfremdheit sah ich den menschen in dir
danke fuer die ausserordentlichen perlen
ich werde sehen und dabei einfach in einer tiefen verbindung zu dir stehen
aus insichruhenden wundersamen wesen einableiten
dass es inselmenschen gelingt auch auszudruecken wie
sichtbare dinge innere wirklichkeiten widerspiegeln
auch sehe ich an dir wie sich auessere mitteilung ausdrueckt
eine freude war dein wirksamer besuch
zeigen wollte ich dir mehr
sagen kann ich sehr wenig
aber eine liebeschenkende seele soll dich erfreuen
das wuenscht dir sehr menschenfreund birger
28. Mai 94

* Birger schreibt einem jungen Mann, der vorbeikam und ihm Glasperlen schenkte.

lesen und schreiben meistere ich sehr genau
aber sagenhaft anstrengend ist das akustische und visuelle wahrnehmen
ich erlebe alles sehr chaotisch
heute war ich voellig durcheinander
ich habe nichts sicher verstehen koennen
ich weiss nicht woran das liegt
jedes wort war mir schwer zu ertragen
wimmernd ach kann ich dieses leben nur aushalten
ich denke mir kann sicher ein training helfen
aber es ist als ob die geraeusche zunehmen seit ich darueber nachdenke
sehr wesentlich ist meine grundstimmung
eingreifend ist der wechsel im tagesablauf
ich verkrafte schwer irgendwelche einschneidenden veraenderungen
eine woche wie die wechselhafte vorige kann einer wie ich sicher nicht gut verkraften
aber ich strenge mich an ins gleichgewicht zu kommen
sagenhaft haben sich meine beiden astreinen betreuerinnen um einen ausgeflippten birger bemueht
astredlich eine susanne
und kindesausdauernd eine dankesnotwendige frau fischbek
30. Mai 94

wie operationen und irre eingriffe wirken
so wirkt dieses training*

* Birger meint das Lateraltraining.

es greift ein in meine nervenketten
es arbeitet zu sehr
ich erlebe hinterher wie sich akustisches unwetter
eine welle von einhaemmernden geraeuschen
ich will lieber nur einfache musik ohne irren wechsel
wie die gregorianische musik aber nur von der mitte
ein wechsel dazwischen ist vielleicht richtig
will sicher ruhig werden
ich kann es wieder nicht
ich irre unruhestiftend umher
ich kann wirklich einfach nicht steuern
2. Juni 94

teilerlebnis ist ich sehe anders
tendenzen eisern seiteneinfall des lichtes nicht anstelle
umrisse
ich erkenne wichtige sachen einfach schaerfer
wissend was das astrein eine sache mich streift
am meisten erlebe ich es im alleingehen
3. Juni 94

ich erstrebe inselwesen ueber richtige wege zu informie-
ren
anerkennung ist eine grundbelebung
auch runenhafte gestaltung eines weges finde ich wichtig
widersinnig aber ist aufseherische kontrolle
das erlebe ich als demuetigend
einer ist sicher eher bereit astrein eine jede kinderleichte
arbeit zu erledigen aber ohne widerliche sichtkontrolle
5. Juni 94

einen brief an sehr aufrechte rebecca* will ich schreiben
liebe rebecca
ich bewundere dich weil du so viel geschafft hast
wie sehr wuensche ich auch selbstaendig zu sein
ein sicheres leben ohne bevormundung
auch suche ich freundschaft
aber wenn ich dann mit menschen zusammen bin
fehlt mir das verhalten das zuneigung ausdrueckt
weder worte habe ich noch gesten
nichts als das schreiben
eines will ich dir sagen
du machst mir mut
sagenhaft einlesend
ein brief mit sehr koeniglichen reichtuemern hast du mir geschickt
sakrale freude hat er mir bereitet
sicher sollst du sein
einer wird deine gedanken im einsamen herzen ruhen lassen
und ich denke an dich
einfach warm und herzensausdauernd
wie ein astreiner windiger geselle es wesensbeseelt tut
einer ewig erregt
in freundschaft dein bunter vogel sich aufschwingend
7. Juni 94

* Eine junge (sprechende) autistische Frau, die Birger geschrieben hat.

ist astrein eine solche werte versammlung wie heute*
ich freue mich und sage dank fuer die muehe die sich alle machen
14. Juni 94

es teilen sich aber sicher alle snobs auf
suchen wieder ruhelos an mir erregendes zu finden
ich will was sagen wie frueher und es geht einfach nicht
auch alle ausdruecke werfen alles aneinander
sind aber ausdruckslos waesserig und wesensarm
aber in wesensarmen worten wage ich mich auch nicht
an die astreine kalte wertearme oeffentlichkeit
aus diesem grund soll kein buch erscheinen**
auch soll frau stegmann*** keine auszuege bekommen
18. Juni 94

leute wundern sich siebenreichlich gern
sie wollen aber nicht akzeptieren wenn stumme schreiben
eines aber wird sich zeigen
aussenansicht und innere wirklichkeit kennen keine le-

* Birger und seine Eltern treffen sich regelmäßig mit den Einzelfallhelfern, Lehrern und der Therapeutin.

** Birger verfügte kurzzeitig, daß kein zweites Buch von ihm erscheinen soll, vermutlich als Reaktion auf die nicht verstummenden Zweifel an seiner Autorenschaft, wie sie u. a. in der Mai-Ausgabe der Zeitschrift »Psychologie heute« geäußert wurden.

*** Lektorin bei Birgers Verlag.

bensformsicht die durchgaengig den hersageteilchen der wirreverbreitenden sicht der beifallsuchenden menge entspricht
einer sieht sich selbst ausserordentlich scheusslich
aber dennoch elementar auch als ein winziges menschliches wesen
auch ist einer wichtig
wer sonst sollte darauf verweisen
dass wesen wie wir aber auch menschen sind
20. Juni 94

suche am sicherheitsnervenden spiegel mich wiederzuerkennen
will mich ansehen
aber wage es nicht
alle schrecken des autismus sehe ich darin
wer sachen willkuerlich astrein zerstoert
eifert auch sich selbst agierend zu vernichten
ich will aus diesem kreislauf per suchedurchblick raus
eine menschenart der aberwitziger baerenstarker birger angehoert
aber aus mir wird einer werden
genauso einer wie andere sehr wunderbare erdenwuerdige menschen
ich werde wagen einen spiegel anzuschauen
einen erdenmenschen werde ich sehen
22. Juni 94

ideen sich erdenken ist leicht aber sie loesend auszudruecken ist sensationell schwer
23. Juni 94

ausdrucksstark ist ein alter brecht*
er kann sagen was er fuehlt
er kann denken und fuehlen zusammenbringen
er sieht
und erzaehlt mir eine astreine geschichte
wie einer gut sein kann
wieviel einer wert sein kann
wie einer anerkennung findet in sich selbst
wie einer ausmeistert was moral sein kann
aus möglichen aufgaben das zu finden
was einer wesensart entspricht
am sachbezogenen
entsteht die loesung der arbeit einer sagendurchdachten moralitaet
26. Juni 94

nachdenken muss ich warum birger so sachbenennungsschwach ist
eines sehe ich es dauert sehr lange
sich musterhaft masstaebe im wissenschaftlichen sinne zu erdenken
bis einsicht formuliert wird

* Birger war mit Herrn Fischbeck im Theater und sah Bertolt Brechts Stück »Der gute Mensch von Sezuan«.

annegret danke ich*
dass sie fuer uns da ist
bemannt wie sie jetzt ist
wuensche ich ihr
sorgloses
ruhefrohes
an sichtbarer und unsichtbarer liebe reiche
amerikanische erdenwirklichkeit
sie ist fuer uns mehr als andere sich vorstellen
30. Juni 94

ich doofer idiot erobere immer mehr die welt der wichtigen beinharten umwertmeister
1. Juli 94

entschuldigen wird sich einer bei neomenschen jonas weil ich aus vandalismus sein schoenes kunstarbeitswerk kalt gemacht habe**
auch bin ich traurig dass ich alles aufesse
susanne soll unternehmungen mit erdling sellin machen
eine giebellobensartige loesung
7. Juli 94

* Birger meint die amerikanische Sprachtherapeutin Annegret Schubert, die FC in Deutschland bekannt machte.

** Birger hat eine Bastelarbeit von Jonas zerstört.

habe mich sehr geaergert dass du dauernd ausser unserem haus bisher so nicht anwesend bist
aber ich merke es erholt sich eine sagenechte minnemutter
wenn sie sich der menschen annimmt die stumm sind*
9. Juli 94

will leider so wichtiges wie einzigartiges deutliches titulieren meiner probleme aufgeben
ich denke ich kann es nicht
weil einer zu erregt wird wenn er davon schreibt
alle weiteren versuche bringen leider nur immer neue unklarheiten
ich kann mich so schwer konzentrieren
in meinem kopf geht alles durcheinander
ich denke isolierrasende gedanken
errege mich eichmaessig ueber alles
wie eine resteverdauernde schlange liege ich untaetig da
ewig unwesentersonnenes widerkaeuend
moechte ach so gern richtig etwas dichten
10. Juli 94

Frage: WARUM KAMST DU HEUTE SO AUFGELÖST BEI FRAU FISCHBECK AN?
ich entkam einfach einem hund als er mich ansprang
aber ich geriet erst in katastrophenstimmung
als der besitzer auf einen irren birger schimpfte

* Annemarie Sellin gibt landesweit Seminare für FC.

aerger wird es sicher makaber wieder geben
weil dort so bloede hunde wohnen
Frage: Willst du in Zukunft einen anderen Weg gehen?
das waere besser
Frage: Ist es dir recht, wenn wir im Urlaub zu Hause bleiben?
will mich bemuehen richtig roh zu homebeing holyday
13. Juli 94

einer will aussagen
ich will aufhoeren reden
finde es sinnlos
auch astreines lernen
alles ist sinnlos
es aergert mich
dass ich einfach sagenhaft ausdrucksarm geworden bin
aber alles bereden sieht lastenschwer aus
16. Juli 94

ohne entnervendes schreien geht es nicht
es ist zu unruhig
ganz ruhig bin ich nur einsam
doch ich halte einsamkeit auch meistens nicht aus
aber kein einziger wird mich ausgeglichen erleben der mich nicht anerkennt auch ein andreas* nannte mich ruhig heute
auch er erlebte mich schreiend am freitag

* Ein neuer Lehrer, der Birger künftig in den naturwissenschaftlichen Fächern unterrichtet.

er erlebt mich meistens anstaendig aber da war ich einfach erregt
als er wegwollte aber ich wollte unterricht
es ist so spannend was einer durch andreas lernt
will auch freitag lieber lernen
haette gern astreine mathematik
19. Juli 94

ohne widerstand keine entwicklung
22. Juli 94

wie einer sucht durch vertiefte asketische uebungen entkommen
wenn alle total geniessen
will unruhe ueberwinden

inruheanne iretieren*

irre ist ich will nicht allein schreiben die angst ist so gross
24. Juli 94

eines entscheide ich heute
einer will duenner werden
am sichersten wuerde es sein eine apothekendiaet

* Ohne Unterstützung geschrieben.

aus wichtigen gruenden schwoere ich aber auch wieder nichts
aber dich sichere auch ab
denn das astreine suchtverhalten haben wir gemeinsam
25. Juli 94

bin einfach zu entsetzt
restlos durcheinander
weil alles so eben erdmaessig ist
ich sehe die dinge ohne ausdruck
Frage: IST DAS ERST NEUERDINGS SO?
unsinn ich sehe immer so
einfach quaelend die fragen
ich erdenke wie alles wird
es wird wieder schlimmer
weil der erste auserwaehlte widersacher mich quaelt
teilweise sogar wenn ich schlafe
ich finde keine ruhe
26. Juli 94

teilerfolg
fast nicht geschrieen
27. Juli 94

ich esse alles auf
will einfach aufhoeren so dauerhaft zu essen
essen ist ausdruck meiner gier nach allem was mir aus
autismusvandalismus entgeht
28. Juli 94

erst dichte ich ein siebenfaches freudenlied
aus wurzelknollen und wunderelben
ein lebenslied feierlich zu singen
ein wichtellied
fuer kleine brueder
fuer kleine schwestern
in sehr dunklen naechten am feuer
aus einem aneumelnden abend
ein aberwitziger
ausserbenannter
erstklassiger geist
wie einer der wesen
wichtelartig
aber einer neandertalischen seele ebenbuertig
wird die nacht meisterlich erleuchten
wird dein amaraster sein
als einer der unseliges besiegt
wirst du geschichte machen
29. Juli 94

euch kann eines erretten
eure widerstandskraft
wie wunden heilen

wie aussernorm seiendes
ganz sachte an seinen artgerechten nachbarn zugesellt wird
so achtet am ausserbenannten wassergeweihten tag
aberlebenswertes das wachsende wahnersonnene
ausserbenanntes
erhaelt seinen wirklichen namen
auch winderstuermtes
wird ruhen wird austraenen
einen ach so
energiearmen
ausgetrockneten
seelenerdigen
sandwuestenreich
30. Juli 94

welch auerfreudige astbewegte freude wird alle erfuellen
wenn der regen keinen azurgefaerbten himmel zulaesst
wenn alles nassatmend sich aufrichtet
aus einer verdorrten erde
lebensmaechtig
31. Juli 94

wasser
aus wissendalten quellen
wasser
aus wuestenvernarbten wuenschen
saatenleblos

aus abgestorbenen seelen
ergiesst sich akeleienbluetig
menschen ausbruchsdenkendes leben
2. August 94

sein wo es keine sekuden
sein wo es keine stunden gibt
wo es dauer zeit nicht jagt
endlichkeiten aufhoeren
einsmachende ewigkeit
Frage: WILLST DU MIT SUSANNE ZUM OPEN-AIR-THEATER GEHEN?
susanne darf den einsamen eifrigen eisernen birger ins open air gruendlich begleiten
3. August 94

will eines sagen
wie sowieso alles einen sinn hat
hat wahrscheinlich auch das einen sinn
dass ein robert* heute nicht nach berlin kommt
winde aus einer sehr wilden stadt bringen dir gruesse
auch ich bin traurig dass du nicht kommen konntest
in liebe denke ich an dich
dein freund birger

* Robert, Birgers autistischer Freund aus Lindau (Bodensee), wollte Birger in Berlin besuchen (in Begleitung seiner Schwester), bekam aber beim Betreten des Flugzeuges derartige Angst, daß die beiden wieder aussteigen und den Besuch absagen mußten.

einer der auch sagenhafte angst verspuert wenn er fliegen soll einer der willig ist aber weiter nichts
aber ich rede aus astnaher erfahrung
wie ein wirklicher autistenfreund
10. August 94

kenne deine ansicht veilchenblau
sich chaotischen gedanken hingeben
dann ist alles wieder umsonst
aber die therapie mit ausserordentlicher margard ist wichtig und gut
sie arbeitet wirklich an meinen astreinen allesentnervenden einermassenproblemen
11. August 94

irrsinn ideelachhaftes tuen wir
weil wir ausnahmslos erdenfremde wesen
kinder der wissenden irrenganzheitlichen welt sind
aber widersacher der realitaet
auch keinem strafbarem sachverhalt nabelverbunden
wir aber erleiden eure verachtung
aus diesem grunde sind wir eure straeflinge
wie redliche verbrechertypen
jeder kann werden wie wir
wir koennen nicht werden wie ihr
aber so einer wie suchender neunmalkluger birger ist noch unterwegs
und er wird auch sicher gehbare wege entdecken
einen ausweg fuer feine amuesante narren
13. August 94

heute will einer sagen es tat sehr weh als gesagt wurde
tuetelbirger sei gemeingefaehrlich*
16. August 94

moechte einfach heute euch sehr subdichterisch danken
habe euch sicher massenhaft genervt
aber aus mir wird noch was vernuenftiges
21. August 94

lebe wieder ruhevielsuchender
24. August 94

teile hiermit allen mit
aus wichtigen notwendigen gruenden werde ich aufhoeren
zersetzende dinge zu absolvieren
neigungen einfach nachgeben
wie heute der leidunart dauerfressen
auch einem ausdauernden unsinn ausrastegeschrei
aber sehr schnell arbeitet ausserordentarmer birger nicht
aus wichtigreichen aussagen will einer sich auch binden
aus wichtigarmem dauerhaftem auserwaehltem narrenhandwerk
wird sachernstes unerhoert gutes arbeiten
30. August 94

* Birgers vierjährige Cousine hatte sich vor ihm geängstigt.

Frage: Warum steckst du einfach irgendwelche Papiere in den Briefkasten?*
es ist autismus in reinkultur
wir wissen es
erarbeiten daraus ewig widersinnige handlungen
wir wollen wirseinsaspekte nicht akzeptieren
weil wir sagenhafte zerrbilder weiterentwickeln
sie nebeln ein
sie geben der realitaet weichere ausdrucksweisen
aber durch sie haben wir ewig aerger
auch wird alles widersinnig
jede handlung wird zur qual
auch einfaches zusammenleben
ach ich erlebe diesen autismus als reinen terror
weil er mir jede menschenwuerde nimmt
etwas will einer aber lernen
sagen statt schreien
aber es wirkt ein anderer starker wahnsinniger dagegen
einer der sachliches denken mindert
einer der sich aerger einhandeln will
einer der chaos sucht
8. September 94

ueber die zwaenge will ich sagen
es wird sicher besser wenn einmal wieder ausdrucksstarkes geschrieben werden wird
ausdrucksstark sind meine aussernebeldenkweisen
jetzt aber herrscht nebel
11. September 94

* Birger bringt seine Post selbst zum Briefkasten; eines Tages begann er, beliebige Papiere als Post einzuwerfen.

wieder wird einer zeigen dass er etwas von auswertung
alter kunst versteht
einer liebt die kunst ueber alles
sie erahnt etwas von den wesenswerten allen lebens
aus wichtigen gruenden sage ich noch nichts
auch eines schreiben ohne stuetze besubjektiviere ich
dass soll wieder weitergehen
15. September 94

ich dichte ein ausgemeistertes lied fuer alle suechtigen
ihr hungrigen
ihr durstigen
ihr sinnlichen
nie ruhende
versagenliebende
unersaettliches suchende
messerfindige
ausgesengte aussenseitergesetzahnende sargauswattie-
rende wasserverachtende aussersichseiende
durchendende
ich kann es nicht ausdruecken
alles ist chaos
alles ist wirr
endauslaufender eiternder unsinn
wo soll ich hilfe finden
18. September 94

ich will nur sagen ich freue mich so wirklich lebensfrohe
leute am abend zu begruessen*
21. September 94

erik groesste ausdauernde zuneigung ich kann es gar
nicht fassen**
22. September 94

ich erlebe erstmalig dass alles chaos in mir still ist
auch die menschenstimmen aussergewoehnlich anders
nicht so sagenhaft schmerzhaft
ohne anstengung ödet alles mich nicht so an
wieder sehe ich wirklich einen wiedererwachenden hoff-
nungsschimmer
25. September 94

es beeindruckt euch wenn einer etwas leistet
ich aber weiss einfach nicht die einfachsten sachen
27. September 94

* Bekannte sind zu Besuch, um Birgers Film auf Video anzusehen.
** Erik will Einzelfallhelfer bei Birger werden.

wieder eine enttaeuschung
weil nicetta* nicht mit mir arbeiten wird
auch erik kann es nicht
weil er im kindergarten fuer autisten** arbeiten muss
28. September 94

weshalb autismus keine auswege denken laesst
ist mir auch einleuchtend
wir ertragen eure weitplanende irre organisation bebend vor angst
wir wollen zeit erfassen
aber sie schwindet uns dahin
alles zerrinnt wie sand in den haenden
Frage: WIRST DU ES SCHAFFEN, ALLEIN ZU FRAU FISCHBECK ZUM UNTERRICHT ZU GEHEN?
ach wie albern sind deine fragen
ja ich will es ich werde es schaffen
29. September 94

widererstehende kraefte ohne auslebende
sicherheitsmoeglichkeiten
sind zerrspiegel meiner wildheit
jeder ausbruch eines autisten widerspiegelt nicht ausgelebte entwicklung
sauer wird der einzelne entwicklungsschritt

* Eine Lehrerin, die Birger in Kunst unterrichten wollte, es sich dann aber nicht zutraute.
** Birger meint seinen ehemaligen Hort.

weil er erneut zurueckgeworfen wird
auch alles wiederbeleben sieht nutzarm aus
wieder sinken alle winzigen ansaetze dahin
auch wieder oeffentliche anerkennung erweist sich als zerrbild
alle denken es waere leicht autist zu sein
es ist unertraeglich
1. Oktober 94

will alles versuchen wieder so duenn wie frueher zu werden
2. Oktober 94

eine grosse freude erfuellt mich
weil sich sichtbar eine unbestimmte angst entgegen klassischer autismustheorien nicht bestaetigt
dass entwicklung nicht mehr moeglich ist
will so gern zum theaterstueck etwas sagen*
ich werde es meisterhaft beurteilen
5. Oktober 94

* Birger war mit Erik in einem Kreuzberger Theater, um ein Stück über ein autistisches Mädchen anzuschauen. Die Beurteilung blieb er allerdings schuldig.

total siebegeistreich hast du erzaehlt*
morgen einfach meinung abfragen
7. Oktober 94

reden ist auch eine ausgezeichnete kunst
eine die annemarie sellin nadelscharf essentiell einsetzt
8. Oktober 94

habe dich sehr vermisst
aber wenn du da bist kann ich wieder nur wild sein
15. Oktober 94

feuer und wasser sind elemente des autisten
wie einer siedendes wasser ausreichend braucht unendlich wichtiges zu enthuellen
nehme ich bebend verlorengeglaubtes und reinige es wieder
und ausnabelwesen ausdrucksreiches erstehen zu lassen
eines aber wartet noch auf den tag einer wiedererwekkung aus chaos
16. Oktober 94

* Birger hat zum ersten Mal an einem FC-Seminar seiner Mutter teilgenommen.

kenne niemanden der so dominierend unsinn erzaehlt
wie neidlose meineunperson
17. Oktober 94

heute will einer margard antworten
sie denkt aus mir soll ewig deutlich ein autist sprechen
ich aber will ein mensch sein
richtig traurig werde ich wenn ich denke
jemand astrein wie sie hat keine hoffnung
weiter zu agieren in dem glauben es ist zu schaffen
ich brauche solche menschen
sonst eifere ich in den wind
neue wege will einer finden
18. Oktober 94

ich bin sehr gutaufsehenserregend derwegen erik sehr desinteressiert ist an mir und ein richtiger freund ich habe uriges deutsches richtiges biererlebnis gehabt und bald werde ich ein erstes richtiges neues gefuehl der freude hier erleben*
24. Oktober 94

* Birger macht mit Erik vom 22. bis 28. Oktober Urlaub in Wall am Starnberger See. Das »Biererlebnis« bestand aus drei großen Gläsern Weizenbier, die Birger jeweils auf »Ex« leerte. Nach Verlassen der Gaststätte nutzte er jede sich bietende Sitzgelegenheit zum Ausruhen. Den Text schrieb er mit Erik.

wissen und einsicht bedeuten Einerleichaos zu entrinnen
wasser sucht einen weg zum meer
birger sucht einen weg ins leben
29. Oktober 94

wieder sieht es so aus als wenn einer chaos anregender findet als ruhe
auch konzentrieren kann ich mich augenblicklich schlecht
ganz uebel ist es mit dem schreiben
kein gedanke will sich klar und deutlich entwickeln
bei solchen ausweitungen bin ich sicher ein apache auf kriegspfad
aber ich will frieden mit der menschweltlergesellschaft
31. Oktober 94

habe das zerrbild rueder verleumdungen satt die kirche sieht einen ernsthaften birger als geisteskrank an*
1. November 94

* Das Kirchenblatt »Der Wannseebote« hat ein Gedicht von Birger als »Gedicht eines geisteskranken Jungen« veröffentlicht. Ein paar Tage später entschuldigte sich der zuständige Pastor persönlich bei ihm.

bin dankbar dass dankward so fuer meine rechte eintritt*
habe einen stuhl sichtbar doll beschaedigt
sicher sehr schlimm
will auch dafuer zahlen
aber von sieben weiteren stuehlen weiss ich nichts
aber ist sinnverderbend alles zu bestreiten
astrein wird es wenn ich woanders sein kann
der kirchengeruch ist ein sagenhaft stinkiger mief
aber ohne duefte kann ich nicht leben
3. November 94

wie hier sich leute wohl fuehlen kann ich kaum glauben
richtig andaechtig werden alle
hege den verdacht ihr seid ausgeglichener wenn leute da sind
5. November 94

ich eifere etwas zu einem ausdrucksstarken dichter zu sagen
eines rustikalen menschen ich meine borchert**
sehe in ihm einen niemals kaltrechnenden menschen
6. November 94

* Birger kann gegen eine kleine monatliche Spende einen Raum in einer Wilmersdorfer Kirche für seinen Unterricht nutzen. Die Kirche wirft ihm vor, er habe innerhalb eines Jahres acht Stühle zerstört.

** Birger meint den Schriftsteller Wolfgang Borchert.

finde eiserner wille ist das einzige was hilft
aber der reicht auch sachlich wenig
richtig hilfe erfahre ich von seiten der lehrer die ich zur zeit habe
sie dauerbetruebt zu sehen macht mich traurig
Frage: DER SENAT HAT BESCHLOSSEN, DIE BEZÜGE DER EINZELFALLHELFER UND EINZELLEHRER ZU KÜRZEN. WILLST DU DEN DIFFERENZBETRAG VON DEINEN HONORAREN BEZAHLEN?
aus dem grunde schreibe ich das
sie sollen ganz wie bisher bezahlt werden
7. November 94

denke so gern an die reise*
nachtasyl in deutscher achtenswerter
wiesenansichtsaussergewoehnlicher landschaft
einfach wesensnah einem wundenschweren menschen
ohne heilwirksame kraefte in sich selbst
unerkannt eisig sind dauernde angst
arsenale wenausloeschende maechte
in mir wilde verzweiflung
einsame hoelle fern allen menschen
erreichbar nur dammwasserbrechenden fauchenden fluten
wassermassen aus brodelnden tiefen ersaufen mich
eine heilsame quelle suche ich
ein asyl fuer meine asbesthausgeschabte chaotische seele
wasser
als wundenheilende quelle

* Birger meint seine Bayern-Reise im Oktober.

wasser
wird einem das aschfahle licht kaskadengleich dienend zurueckbringen
10. November 94

es ist eine grandiose wahre geigenartige festfreude
eine wiederkehr aus der ferne*
astrein wie massenhaft sich altes aber neues leben ausdrueckt
aus diesem grellen grunde habe ich es gern wenn der tag des wiederkommens da ist
wieder in eiserner sagenastreiner wahnsinnsharmonie
aus einsameeiserner fehlerharmonie
12. November 94

moechte sagen dass ich den unterricht sehr gut finde aber angst einfach den ausdauernden arbeitsrhythmus gefaehrdet angst nichts wieder zu leisten andererseits weiss ich aber auch einer ohne geissel einer urangst kann alle faecher schaffen bin zerrissen
15. November 94

beinahe dauerhaft chaosfrei aus sagenhaftem ausveranstaltung im wald gekommen**

* Annemarie Sellin kommt von einer Seminarreise zurück.
** Birger schreibt über seinen Sportunterricht bei Herrn Fischbeck.

auch chaotische verrenkungen konnte ich gut machen
ich will so gern duenn sein
aber meine sucht zu fressen steigert sich staendig
alles koennte ich einfach essen
ich widerstehe auch sachen nicht die mir nicht schmecken
alles dauerfressen quaelt einen birger
ich aergere mich staendig darueber
will astrein aussehen
wie ein anstaendiger angenehmer aussteiger
16. November 94

heute aversion gegen dich
weil du alle aergerlichen ausdruecke benuetzt wie alberne kosenamen
bei dummreicher wortwahl raste ich aus
weil woerter fuer mich kostbar sind
fuer euch aber sagenhaft unbedeutend
astrein wesensgleich erntet jeder ein lob der desasterworte nicht irrtuemlich braucht wie dankward
20. November 94

Frage: Warum hast du meine Kosmetikstifte gegessen?
gesehen wird mein unsinn
eine leistung einer autistenseele
ich mache es weil der ausgezeichnete verstand aussetzt
es ist wie eine kontrollmeidende instanz
es aussehen lassen wie normal ist fuer mich sehr lastenschwer
richternotstand
wie einer der irrtuemer sucht weil sie keiner deuten kann

wir neigen einfach dazu uns immer zu verstecken
wie soll einer etwas erklaeren wenn er wie ein auserwaehlter dummer handelt
Frage: Was findest du so besonders an Kosmetikartikeln?
es uebt einen magischen reiz auf mich aus
21. November 94

heute nenne ich erstmals neidarm alle ach so werten lehren so eibenartig schoen
ich erlebe das lernen als dauerhafte freude
sehe darin einen weg aus autistischer enge
aerger schmerz und ausflippen vergesse ich dann
aber alles wird auch goetheartig nebenan wieder fuer dichterisch erdachtes arbeiten
22. November 94

richtig eisern will exnervbirger das abiturprogramm schaffen
23. November 94

habe einfach azurdauernde ruhelust
rede dann ueber training* jetzt aber ruhe
28. November 94

* Birger ist mit seiner Mutter nach Bern gefahren und beginnt dort ein Hörtraining bei einer Schweizer Therapeutin. Das Training beeinflußte lediglich Birgers Augentätigkeit (vgl. die Texte der folgenden Tage), zeigte ansonsten aber keine Wirkung.

das wesentliche heute durcharbeiten der augentaetigkeit
sichtweisen astrein veraendern ist anstrengend
aussenansicht aus alter gewohnheit eventuell wesentlich
einfacher sehe heute auffaelliger
alle menschen einfach ohne aussicht auf verschwommenheit
aus diesem grunde das grauen in der bahn
leider empfinde ich klarsehen als haerte
aber ich will es lernen
29. November 94

finde laute musik ausserordentlich furchtbar ich muß aber ich will es ertragen was andere ertragen ich will nicht wie ein ausgestossener leben ich will auch dazugehoeren ich kann so nicht weiterleben immer ohne wichtige erfahrungen ich lehne mich auf gegen omnipotente helfer ich will omnipotent sein*
30. November 94 (nachmittags)

sicher ist dass die therapie wuselbirger noch wusliger macht
finde aber ich sehe ausdauernd schaerfer in erschreckender weise
aus diesem grunde auch grauen
verirrungen astrein wenn wir weg sind
alte orientierungsmerkmale suche ich und finde sie nicht
auch an den menschen entdecke ich schwer erträgliches

* Bei der Therapeutin geschrieben.

auserwaehlt angst
unertraegliches aussehen wie schmerz
aber auch ach sagenhaften ausdruck des ausgestossen-
seins
30. November 94

wieder ein ausbruch*
sicher als sechshundertfache verstaerkung auf eine be-
scherung durch das training
es ist ein ausdruck der angstidiotie
quatsch dass es auslöser gibt
aber ruhe als reaktion sieht mich schneller ruhig werden
sich dauernd aengstigen geht nicht
darum bricht die angst aus
als wenn ein ausbruch sich als ueberdruck abreagiert
1. Dezember 94

Frage: WIE HAST DU VORHER GESEHEN?
augen sahen alles ausdrucksarm
es ist so ausgezeichnet zu sehen
aber die unruhe ist zu gross
3. Dezember 94

deine ausdauernde feste sagebereite ansprache hat
erfahrungsgemaess aerger zur antwort

* Birger kommentiert einen Schreianfall.

beide geben sich diesen scheinbaren antworten hin
das heißt du wirst ruhiger fast apathisch
ich immer wilder
aber auch dein ausnervendes ausrasten arbeitet gegen
mich
es helfen mir nur ausdauernde guete
aber es findet sich niemand auf der welt der das meistert
darum muss ich selber lernen guetig mit mir zu sein
aber es wird nachsicht erfordern zeit und ausdauer
4. Dezember 94

jeder ausbruch sagt etwas anderes
astrein werde ich lernen dieses widerspiegeln der inneren chaotenwelt zu deuten
heute war das sagenschreien ausgebrochen
weil sich einer wieder nicht zurechtfand
astmangelhaft war meine augendurchsicht
alles war anders
alle sachen alle menschen alle wichtigen anhaltspunkte
alles wundersam ausgedehnt und aus der form geraten
aber spaeter am abend war alles auschaotisiert
am ansichsehen hat sich veraendert
dass alles schaerfer hernaht
so als kaemen die dinge auf mich zu
5. Dezember 94

chaos heute ausgeblieben
geht aber nur weil das ausdauernde zureden half
Frage: Wie geht es deinen Augen heute?

augen duester sagen aergersames
aus diesem grunde sage ich auch nichts
6. Dezember 94

heute ausgerastet wie ein skandinavischer auerwildochse namennot
kann mir keine namen merken
lauter namenlose menschen
ich glaube die namen titulieren bunte haufen von lebewesen
ich aber ernenne alle naselang menschen mir gefaellig
neunamensehrenvoll
aber aus erfahrung lebe ich mit baudenkmaelern zusammen
7. Dezember 94

ueber das training mache ich mir viele gedanken
aber sie sind noch nicht fertig
8. Dezember 94

es war wunderschoen in bern
aber es hat wieder nichts gebracht
alles umsonst
unsinn dass meine augen besser sind
es ist so wie bisher
ich sah alles anders aber nicht besser
ich merke nichts

leider ohne verbesserung
personen wie frau n.* leben von uns
aber wir nicht von ihnen
10. Dezember 94

kann es doch viel besser aushalten
wenn ich wieder ohne angst lernen kann
denke die arbeit namenkennenlernen muss einer nebenbei machen
durch das training aber sehe ich anders
aber ich weiss noch nicht ob auch besser
aber ich will ach auch so gern sprechen
immer wieder habe ich auch wuensche
auch so wie andere namensicherdenkende zu sein
12. Dezember 94

keiner nannte sich deutend
der anerkannte aussteiger aber
aus suchenden gruenden sind es sicher viele bewiesenermassen gewesen
suche halt
suche sicherheit
suche auslebende lebensfreude
aus uebermaechten des todes aber werden alle dinge schlecht
auch aussteiger
chaoten aus autistischen kalibersuchende
13. Dezember 94

* Birger meint die Berner Therapeutin.

ganz dauerhaft schrecklich erlebe ich das augenolnax-
sehen
das heisst alles arbeitet anders
als wenn augen sagenhaft instabil sind
alles veraendert sich einfach staendig
es war gestern ganz schlimm aber heute auch
aber jetzt arbeitet alles wie gewohnt
aber auch nicht besser
also auszuhalten
aus ausserordentlichen gruenden will einer wieder sagen
was er sich als wunder wieder erhoffte
wollte mieses sehen loswerden
ein sehen dass jene sachen verschleiert die wesentlich
sind
und aufdeckt was anderen verborgen bleibt
ich sehe aus der ferne wesentliches
aber aus der astreinen naehe alles verschwommen
auch neandertalisches schreien beeinflusst augenarbeit
14. Dezember 94

man siegt auch nur
wenn absolut alles wieder aus ausgekaempften moeg-
lichkeiten lebend aufersteht
also sich auf sieg konzentriert
auch einer wie ich will alles einsetzen
15. Dezember 94

nie wieder werde ich aus einer angebrochenen dose etwas rausessen*
Frage: WANN HAST DU DAS GEMACHT?
unterwegs aber aus einer ausgelaufenen plastikdose
Frage: WARUM SCHREIST DU JETZT?
weil ich mich schaeme sich so zu verhalten
aber es geschieht weil einer aus zerrbildern die wuestesten eingebungen sich ableiten anschickt
will ruhig sein aber zu viel wahnsinn
neidisch bin ich auf alle normalen die alles unter kontrolle haben
Frage: DU MUSST DAS SCHREIEN UND DIE AUTOAGGRESSIONEN DURCH ANDERE HANDLUNGEN ERSETZEN. WILLST DU DARAN ARBEITEN?
quatsch einer will weiterbruellen
bin wirklich einverstanden will auch wieder mitarbeiten
dass ich es schaffe
16. Dezember 94

sagen will einer
ich werde einmal alles schreien einstellen
einer wird auf anstaendige art allmaechtiges unwohlsein ausdruecken
auch angenehmes wird aus wachsendem einsichtsvollem verstand ausgedrueckt
wie andere wesen alles ausdruecken
will aus den tiefen der wimmelnden widerstaendigkeiten auftauchen
will frei sein
19. Dezember 94

* Birger geht es sichtlich schlecht, seine Mutter fragt ihn, warum.

ganz ausgezeichnet fand einer es aber dass dankward
auch ohne angst wieder ausleben kann wenn wilder bir-
ger wieder ein friedlicher sein wird
auch ein armer jonas wird sich amuesieren wie andere
kinder
auch eine anne kann aufatmen
einer aus astreinem wahnsinn aus ausbruechen innerlich
verrohten
der soll aber aussterben
20. Dezember 94

mein wunsch
alle erdenklichen albernheiten einmal weihnachten wie
wunderkerzen
Frage: WARUM HAST DU HEUTE MORGEN GESCHRIEEN?
es war anscheinend albtraum
aber daraus wurde angst wie meistens
aber spaeter wurde alles unklar
hoeren sehen
ich verstehe dann wirklich kaum worte
ich finde mich dann auch so scheusslich
21. Dezember 94

natuerlich setzt du einen birger wieder unter druck
aber anders schaffe ich es nicht aergerlicherweise
aber ich will es schaffen
weil das leben auch fuer mich eine hoelle geworden ist
aber alles wird so schwer aus angst vor dem schreien
alles so anstrengend weil es noch keinen ersatz gibt

aber manchmal astreine freude
wenn einer es schafft ohne schreien auszukommen
ich lerne es bestimmt
aber habe geduld
ich winde mir deine freude lob und ermutigung als kranz
um mein mutloses herz
22. Dezember 94

gern wuerde ich etwas rasantes als weihnachtsgeschenk
euch wundersam ueberreichen
schoen waere eine astreine quatschbirgerstory
ueber seine einsamenposition eisern ausgeschlachtet
gern wuerde einer euch etwas kindisches schenken
ein gedicht ueber wundersame kreaturen wie trolle elben
wild wueste taten ohne finstere achwehnarren vollbringend
doch dazu nach weihnachten mehr
ich wuensche
sichere alleinseelenheilende weihnacht
wuensche frieden fuer alle
auch wunder in ausgewogenen ausmassen
ich wuensche auch suedliches temperament
ein astreines lachen
und herzhaftes feiern
23. Dezember 94

rosen werden erbluehen wenn einer ausbricht aus dem augenchaosautismus

einer muss maechtig sich anstrengen
einer sieht alles durcheinander
sieht auch alle heutigen gegenstaende aus der figursach-
machart geraten
sachen dehnen sich
und werden wieder astrein wahnsinnig winzig
ich halte es nicht mehr aus
quatsch einer wird geheilt
einer wird wahnsinnig
einer haelt es nicht aus
wieder am untersten ende
will raus
aber es wird schlimmer
ich verliere alle wirklichen erfahrungen
ich irre umher wie ein erdenwurm ohne einen schimmer
licht
einer der taub und blind ist
einer der ohne gefuehl ist
einer der ohne ueberlebenschance ist
einer aus dem totenreich
aus der wueste
wieso aber soll einer leben
wieso gerettet werden
ohne heiterkeit ohne wunder werde ich nicht genesen
ohne liebe werde ich sterben
aber was wird aus den vielen autisten
die ich wiedersehen moechte
geheilt
auch mich selber
an sie beeile ich mich zu dichten
und ihretwegen mache ich weiter
25. Dezember 94

an normale normen kann ich mich nicht total anpassen
es ist zu irrsinnig
27. Dezember 94

mabel nette dame*
aschfahl im gesicht
auswimmernd angst
wird maliziös aushauchen ihr nervendes leben
29. Dezember 94

gar seelenschmerzmaessig
aus naechten der trauer auftauchen
aus oasen des chaos
artgemaess wieder leben
weil das angstseichte ausleiden ein ende hat
30. Dezember 94

* »Mabel« ist eine Erfindung Birgers.

Dieses Gedicht schrieb Birger als Schlußwort:

einen neuen einsamenerloesenden weg werde ich finden

ich sehe irre jubeln an der seite der normalen
auch stumme werden mitsingen
wenn der tag da ist
an dem die trennung aufgehoben ist
wo welten sadismus zaghaftigkeit angst und willkuer
eines tages ueberwinden
wo einer den anderen achtet
wo einer den anderen versteht
wo alle das wirsein begreifen
aus einsicht
aus lebensfreundlicher ausdrucksmoeglichkeit
sehnsucht auch erfuellt wird
und weisheit gefragt ist

dies ist irrsinn eines irren
traum eines einsamen
ausdruck eines kindischen
finsterer optimismus
aber unsterbsam

Während der Dreharbeiten zu dem Film
»wie ein wuchernder erdklumpen auf der Seele«

Nachwort

»Wer Sellins Aufzeichnungen liest«, schrieb der Rezensent der »Frankfurter Allgemeinen Zeitung« nach der Lektüre von Birgers erstem Buch, »dem kommt der Verdacht, hier lebe einer das, wovon Dichter immer nur gesprochen haben.« Die »Wochenpost« kommentierte: »Hier führt einer unter Schmerzen vor, was Schreiben eigentlich heißt.« »Die deutsche Gegenwartslyrik kennt nichts dergleichen«, befand der »Spiegel« lakonisch; die Texte »allein an ästhetischen Kategorien zu messen, wäre falsch«, räumte die »Süddeutsche Zeitung« ein. »Sprachlich hinreißende und inhaltlich unglaubliche Texte« las die »Mitteldeutsche Zeitung«. Die »Sprachkonzentrate« besäßen »eine Authentizität, an der sich kaum ein Schriftsteller messen kann«, bescheinigte das »Deutsche Allgemeine Sonntagsblatt«, und der Berliner »Tagesspiegel« raunte: »Birger Sellin gehört zu den Schriftstellern, die unsere Gesellschaft nötig hat«.
Diese kurze Zitatenlese aus der deutschen Presse umreißt in etwa den Rahmen, in welchem sich die Diskussion um den ästhetischen Stellenwert von Birgers erstem Buch abspielte. Selten oder vielleicht sogar nie zuvor hat ein Autor Texte vorgelegt, die derart eng mit seinem Leben verknüpft sind, daß es unmöglich ist, sie isoliert, für sich allein, ohne einen Gedanken an den Verfasser, zu betrachten. Diese Tatsache erschwert die Bewertung der Texte. Daß einer unter größeren Schmerzen schreibt als vielleicht alle Schriftsteller vor ihm, sagt nichts über die Qualität seines Schreibens. Daß dieser Mensch ansonsten den Eindruck eines Irren erweckt und seine Texte in einem solchen Gegensatz zu seinem äußeren Erschei-

nungsbild stehen, wie vermutlich auch noch nie zuvor beobachtet, sagt ebenfalls nichts über ihre Qualität – ebensowenig, wie die denkwürdige Entstehungsgeschichte dieser Texte, von der sie sich nicht trennen lassen.

Was Birger schreibt, ist in einer eigentümlichen Weise maßstablos. Ist es Literatur? Natürlich. Ist es sensationelle Literatur? Sensationell ist, daß es diese Texte überhaupt gibt, aber sind auch die Texte selbst sensationell? Sind sie ästhetisch hochwertig? Oder nur »Behindertenprosa«, die man nicht so kritisch begutachtet, erstens, weil man dem gehandicapten Autor nicht zu nahe treten will, zweitens, weil ihr Zustandekommen zu phänomenal ist?

Darüber zu diskutieren, ob man Birger Sellin für einen Dichter zu halten hat, ist müßig. Ich denke, es ist ihm auch ziemlich egal. Seine Texte sind eine Flaschenpost aus einer anderen Welt. Die Flaschenpost ist seine Intention, nicht – oder zumindest nicht vordergründig – die Literatur. Es sind Botschaften, Signale, Hilferufe. Der »reale« Dichterschmerz, der das Entstehen seiner Botschaften begleitet und den die »wirklichen« Dichter oft nur vorgaukeln, ist ganz und gar unmusisch. Nichts wäre absurder, als den Fall Birger Sellin zu verklären oder gar ins Sentimentale zu ziehen. Man hat so seine Vorstellung von Dichtern – Birger erfüllt keine davon. Dennoch ist Birger ein Schriftsteller; als solcher hat er jedenfalls unsere Welt, der er sich im Alter von zwei Jahren entzog, sozusagen neu betreten. Zuvor war er lediglich ein Irrer. Das teils klischeehafte, teils realistische Bild vom Autor, dem nach jahrelanger Mißachtung plötzlich der große Wurf gelingt – hier nahm es in einer kaum zu überbietenden Kraßheit Gestalt an. Aus einem soeben noch mit Murmeln spielenden Verrückten, den man tagsüber mit anderen Ausgesonderten verwahrt hielt, wird quasi über Nacht der Verfasser eines nunmehr in sieben Sprachen übersetzten Bestsellers mit achtseitigem Vorabdruck im »Spiegel«, besprochen und euphorisch gefeiert in allen Medien; etwas später dreht man gar einen Film über ihn, und mehrere Berliner Theater veranstalten Lesungen seiner Texte – was für ein Aufstieg! Einen Normalen brächte es schier um vor Freude. Nicht daß Birger sich nicht freut – aber da ist der Autismus, die »üble symbiotische klette«, die ihn nicht losläßt, die ihm die Freude jeden Tag aufs neue vergällt. Da ist es auf einmal viel wichtiger, ohne Schreianfall durch den Tag zu kommen, als in den Medien gefeiert zu werden. Acht Seiten im »Spiegel« – was ist das schon, gemessen an jenem Kraftakt, allein, ohne Eltern oder Einzelfallhelfer, einen Spaziergang zu machen?

Birger schreibt seine Texte meist abends, wenn die Geschehnisse und Gedanken des Tages wie durch eine Sanduhr rinnen und dabei um einen vorderen Platz kämpfen, damit sie nach draußen dürfen. Wie nur entscheiden, welches Gedankenkörnchen hindurch darf und welches verbleiben muß im Berg des Niegesagten? Dieser Rest, dieser ungeheuer große, ständig anwachsende Rest, setzt sich dann in der Erinnerung ab oder rinnt, statt hinaus, hinunter ins ewige Schweigen, denn der nächste Tag bringt neue Eindrücke und neue Gedanken, die die alten, unausgesprochenen überlagern. So geht es, Tag für Tag, seit Jahren, und all das Gespeicherte aus den früheren, den stummen Jahren, wohin damit? Wir können jeden Tag Tausende von Sätzen sprechen oder aufschreiben – Birger hat nur jenes kleine Quantum, das er allabendlich in den Computer tippt. Er muß uns entweder für schreckliche Schwätzer halten oder grenzenlos beneiden, weil wir das kostbare Gut Sprache derart verschleudern können, während er sich jedes Wort herausquälen und dabei noch haushalten muß.

Dennoch: In den hier versammelten Texten aus den Jahren 1993 und 1994 hat Birger alles Wesentliche über sein Leben im Grunde selbst erzählt. Es folgen nun lediglich einige Ergänzungen. Sie gliedern sich in drei Abschnitte: Zuerst werde ich den Streit um die Authentizität von Birgers Texten schildern, den der »Spiegel« mit ungedeckten Unterstellungen auslöste. Danach werde ich auf Birgers Schreibmethode eingehen, mit der inzwischen nicht wenige Autisten kommunizieren, obwohl ein Teil der Fachwelt der Meinung ist, daß dies nicht sein könne. Zuletzt soll kurz erzählt werden, was in der Zwischenzeit mit Birger geschah, soweit er dies in seinen Texten nicht schon selbst gesagt hat.

Eine persönliche Anmerkung möchte ich mir an dieser Stelle gestatten. Nachdem der für Birger letztlich förderliche und damit erwünschte Medienrummel um seine Person eingesetzt hatte, wurde in einigen Zeitungen die offenbar unumgängliche Vermutung geäußert, hier werde das Leiden eines Menschen als Sensationsstory vermarktet – als ob die Gesetze des Marktes für Autisten nicht gelten würden und Autistenprosa gratis verteilt werden müßte. So argwöhnte zum Beispiel ein vermutlich honorarfrei arbeitender Journalist in einer südwestdeutschen Tageszeitung: »Der leise Eindruck bleibt, hier könnte jemand verkauft werden – mit seiner Krankheit.« Zu den beklagenswerten Nebeneffekten dieses Vorgehens zählt, daß Birger inzwischen ein gewisses Renommee besitzt und viele Menschen ihn unterstützen, die ihn sonst nicht kennen würden, daß er sich seither aufwendige Thera-

pien, Reisen, Literatur und einen eigenen PC leisten kann, daß er Steuern zahlt wie jeder Normalverdiener und daß er das gute Gefühl hat, nicht auf Kosten anderer zu leben.
Ich kann aber allen mutmaßenden Schöngeistern versichern, daß Birger selbst bis heute noch nicht eine Zeile mit dem Hintergedanken ans Geldverdienen geschrieben hat. Er hat wirklich andere Probleme.

»Lyrik oder Lüge?«

Am 31. Januar 1994 verkündete »Der Spiegel«, dasselbe Blatt also, in dem ein halbes Jahr zuvor der Vorabdruck von Birgers Buch erschienen war, »die Zweifel an der wundersamen Dichtkunst des sprach- und wahrnehmungsgestörten Birger Sellin« würden »wachsen«. Diese Meldung war zunächst einmal insofern falsch, als daß solche Zweifel nicht »wuchsen«, sondern erstmals öffentlich vorgetragen wurden. Außerhalb der »Spiegel«-Redaktion zweifelte zu dieser Zeit kaum jemand an der Echtheit der »wundersamen Dichtkunst«. In der Tat konnte das Magazin außer einer fragwürdigen Kronzeugin auch niemanden zur Stützung dieser These aufbieten. »Es fragt sich«, unkte der »Spiegel« nichtsdestoweniger, »ob es wirklich Birger ist, der hier um sein Leben schreibt. Denn die Buchstaben reihen sich nur dann zu sinnvollen Sätzen, wenn Mutter Annemarie ihrem Sohn assistiert. Sie hält seinen Arm über der Tastatur, führt die Hand mit dem ausgestreckten Zeigefinger – was dabei herauskommt, nennen Wohlmeinende ›Gestützte Kommunikation‹.« Vermutlich, zitierte das Blatt am Ende des Artikels seine einzige Zeugin (eine Erzieherin, die Birger seit Mitte 1990 nicht mehr zu Gesicht bekommen hat),

sei die »ehrgeizige Mutter« Verfasserin der Texte – »ob willentlich oder unbewußt«.
Da es an Beweisen mangelte und niemand konkretes, sondern »es sich« fragte, ob nun Birger oder Annemarie Sellin die Autorenschaft gebürt, führte der »Spiegel« Indizien aus Übersee ins Feld. In Australien, wo die Methode entwickelt wurde, und in den USA tobt bereits seit Ende der 80er Jahre ein heftiger Streit um die Anwendbarkeit von »Facilitated Communication« (kurz: FC). Mittels sogenannter »Doppel-Blind-Studien« (ich komme darauf zurück) glaubten FC-Skeptiker nachgewiesen zu haben, daß die symbiotische Kommunikation nur Hokuspokus und Scharlatanerie sei. 35 solche Studien in Europa und den USA, schrieb der »Spiegel«, hätten ergeben, »daß weniger als fünf Prozent der gestörten Kinder imstande waren, selbständig mit ihrer Umwelt zu kommunizieren«. Also immerhin fünf Prozent, könnte man denken – doch der »Spiegel« wollte etwas unterstellen und befand aus der Ferne, daß Birger nicht dazugehöre.
Um Mißverständnissen vorzubeugen: Skepsis gegenüber FC und meinethalben auch gegenüber der Echtheit von Birgers Texten ist völlig in Ordnung; wir leben in einem freien Land, und jeder kann zweifeln, woran er will. Wer Skepsis anmeldet, sollte nur seinen Gegenstand kennen. Die schlampige Recherche des ansonsten eher solide arbeitenden Hamburger Magazins (so wurde beispielsweise unterschlagen, daß Birger nicht nur mit seiner Mutter, sondern mit mehreren Personen schreibt) hatte allerdings Hintergründe im Medienkonkurrenzkampf, denen ausgerechnet Birger zum Opfer fallen sollte.
Der »Spiegel«-Artikel erschien nämlich drei Tage, bevor die ARD Felix Kuballas Film über Birger ausstrahlte. »Spiegel-TV«-Chef Stefan Aust wollte dem in vielen

Printmedien angekündigten ARD-Film auf SAT.1 einen Beitrag über dasselbe Thema entgegensetzen, nur eben radikal umgekehrt – ansonsten wäre er ja über einen Aufguß des entschieden spektakuläreren Kuballa-Filmes nicht hinausgekommen. »Spiegel-TV« kaufte aus den USA einen Film, in dem der Eindruck erweckt wurde, die Anwendung der Methode sei ein unverantwortlicher Betrug mit behinderten Menschen. Dieser Logik zufolge mußten natürlich auch Birgers Niederschriften gefälscht sein. Eine differenzierte Betrachtung des Phänomens der gestützten Kommunikation kam so nicht in Frage.
Damit »Spiegel-TV« mit seinen brandneuen Unterstellungen nicht allein auf weiter Flur stand, segelte das Print-Flaggschiff »Spiegel« mit im Verband. In der Fernsehvorschau des Hamburger Magazins war auf einmal keine Rede mehr davon, daß die ARD einen Film über Birger Sellin ausstrahlte, jenen Autisten, den das Blatt fünf Monate zuvor als großen Autoren gefeiert hatte. Statt dessen hieß es in der Vorankündigung der »Spiegel-TV Reportage« mit Verweis auf einen Artikel im Blatt: »Amerikanische Untersuchungen belegen, daß Botschaften von Autisten nicht authentisch sind.« Eine freie »Spiegel«-Mitarbeiterin hatte gerade zwei Tage Zeit, um diesen angekündigten Artikel gegen Birger zusammenzubasteln. Dementsprechend sah die ganze Sache dann auch aus. Es war einfach »ein schmutziges Stück Journalismus« (Kuballa), wie der Betrugsverdacht in die Öffentlichkeit gestreut wurde.
Beim »Spiegel« und seinem TV-Ableger machte sich zu diesem Zeitpunkt (später dann schon) offenbar niemand Gedanken, was man Birger damit antat. Indem seine einzige Kommunikationsmöglichkeit in Zweifel gezogen wurde, drohte Birger die Aberkennung seiner Autoren-

schaft mit allen Folgen. Er wurde wieder als schwachsinnig eingestuft, nachdem er diesem Stigma eben erst entronnen war und einen normalen Bildungsweg begonnen hatte. Das Teuflische an diesem versuchten Rufmord: Eben das einzige Mittel, mit dem er sich hätte zur Wehr setzen können, seine Sprache, wurde ihm abgesprochen. Und alles ohne jeden Beweis; vielmehr sollte Birger nun den Beweis erbringen, daß er tatsächlich der Autor der unter seinem Namen erschienenen Texte sei. Früher, so bemerkte Oscar Wilde einmal sinngemäß, hatten wir die Folter – heute haben wir die Presse.
Der Filmemacher Kuballa reagierte sofort mit einer Gegendarstellung. In einer über die deutsche presseagentur (dpa) verbreiteten Erklärung und mehreren Fernsehinterviews erklärte er, er habe während seiner vierwöchigen Dreharbeiten nicht feststellen können, daß Annemarie Sellin Birgers Hand beim Schreiben gezielt geführt habe. Birger habe in dieser Zeit nicht nur mit seiner Mutter geschrieben, sondern sei auch von Pädagogen, Erziehern und Psychologen beim Schreiben gestützt worden. »Diese Unterstützung«, so Kuballa, »beschränkt sich lediglich auf eine physische Hilfe, das heißt, ein leichtes Anheben des Unterarms von Birger, um ihm den Schreibvorgang zu erleichtern«.
Am Dienstag, dem 1. Februar, strahlte »Spiegel-TV« den amerikanischen Beitrag aus, wobei die Moderatorin zu Beginn der Sendung einen eindeutigen Bezug zu Birger herstellte. Die Sendung stand unter dem bemerkenswerten Titel »Lyrik oder Lüge?« – als ob die Birger zugeschriebenen Texte, wenn sie nun doch nicht von ihm stammen sollten, auf einmal Schundliteratur wären.
Zwei Tage später, am 3. Februar, konnte sich das deutsche Fernsehpublikum anhand von Kuballas Film eine

eigene Meinung über die Entstehung von Birgers Texten bilden. Freunde und Bekannte Birgers schrieben Protestbriefe an den »Spiegel«, und andere Zeitungen traten für den angezweifelten Schriftsteller ein. »Daß es Fälle des Mißbrauchs gegeben hat«, kommentierte weise »Die Zeit«, »heißt aber keineswegs, daß es sich bei jedem Text, der einem Autisten zugeschrieben wird, um eine Fälschung handeln muß. Über dieses ABC der Logik, das als Anstandsregel eine Unschuldsvermutung mit einschließt, setzt sich der ›Spiegel‹ rücksichtslos hinweg. Für die Behauptung, auch im konkreten Fall Birger Sellins sei Betrug mit im Spiel, wird nicht das geringste Indiz angeführt.« Und die »taz« spöttelte: »Nachdem die unvermeidliche Entdeckung gemacht wurde, daß nicht jede ›ohnemichgestalt‹ einen Lyriker ausmacht, tauchten ›menschenweltler‹ aus der ›dunkelheit‹ der Medien auf und äußerten seltsame Zweifel an der Echtheit von Birger Sellins Texten. Denn das eigentlich banale Wissen, daß sich in den meisten Köpfen kein hochentwickelter Intellekt verbirgt, scheint zwar für Normgestalten, nicht aber für autistische zu gelten.«
Als man beim »Spiegel«, nehmen wir mal zugunsten der Redaktion an, begriff, was man angerichtet hatte, reagierte das Blatt mit dem Vorschlag, zwei Reporter nach Berlin zu entsenden, um Birger beim Schreiben zu beobachten. In der Ausgabe vom 14. Februar revidierte »Spiegel«-Reporter Jürgen Neffe die Fälschungsvorwürfe, nachdem er Birgers Schreibpraktik vor Ort in Augenschein genommen und mit Personen aus seinem Umfeld gesprochen hatte: »Im Falle Birger Sellin müßte zu ausgeklügelter Fälschung ein Komplott höchst unterschiedlicher Betrüger kommen: Birger ›schreibt‹ längst nicht nur, wenn seine Mutter assistiert. Oft stützt ihn auch

Vater Dankward. Zu mehr als zehn weiteren Personen hat Birger so viel Vertrauen gewonnen, daß er sie als Stützende akzeptiert.« Neffe fuhr fort: »Bei genauerem Hinsehen ist Birger beim Tippen allem Anschein nach der Handelnde: Er kreist mit ausgestrecktem rechten Finger über der Tastatur, der Impuls zur zustoßenden Bewegung beginnt regelmäßig in seiner Schulter. Für kurze Augenblicke schwebt sein Ellenbogen sogar über der stützenden mütterlichen Handfläche.« Sogar ein kleines Interview zwischen dem »Spiegel« und Birger kam zustande (nachzulesen auf Seite 143/144 des vorliegenden Buches).
Für den damals 21jährigen Autisten war der »Test« durch den Reporter eine Tortur dritten Grades. Nur wer die extreme Empfindlichkeit autistisch Behinderter kennt, kann sich einen Begriff davon machen, was diese Situation für ihn bedeutete: Schließlich ging es, man kann es nicht oft genug sagen, um die für den jungen Mann existentielle Frage, ob die einzige Kommunikationsmöglichkeit, die ihm zu Gebote steht, vor den Augen der Öffentlichkeit als Lüge deklariert wird. Im Vorfeld des Besuchs klagte Sellin denn auch über

»eine welt
die aushaengesaerge
ersatzleichen braucht
ich aber will der aushaengeahaautist sein
sehr schwer das zu ertragen
ich tue alles fuer meine freunde
denen auch jetzt eine astreine wertsache genommen werden soll
eine hauchmoeglichkeit
ahnungsfreude
ausweg aus dem stummsein . . .

Die beiden »Spiegel«-Abgesandten hatte Birger also überzeugt – doch als ob nichts geschehen wäre, legte die Zeitschrift »Psychologie heute« in ihrer Mai-Ausgabe nach. Den »Spiegel«-Widerruf ebenso ignorierend wie Kuballas Film, statt dessen aber jenen dogmatischen Sprachduktus anschlagend, der einige Vertreter der klassischen Naturwissenschaften stets befällt, wenn sie an die Grenzen ihrer Erklärungsmodelle stoßen, las der Autor den FC-Anwendern, den Medien und Birger Sellin die Leviten.
Unter der Überschrift »Wer schreibt denn da? Verantwortungsloser Medienrummel um eine längst widerlegte Methode« verkündete »Psychologie heute«-Autor Colin Goldner: »Obwohl zahlreiche kontrollierte Tests gezeigt haben, daß die Behauptungen der Gestützten Kommunikation nicht zutreffen, hält man mit Leidenschaft daran fest. Obwohl es ganz *offenkundig* (Hervorhebung nicht von mir – d. Hrsg.) die Betreuer selbst sind, die für die angeblichen Mitteilungen der autistischen Kinder verantwortlich sind.« Und um klarzustellen, auf welches geistige Vergleichsniveau sich Birger einlassen muß, fuhr der Mann fort: »Welch eine Seelenerschütterung für Betreuer und Eltern, wenn ein Kind nach Jahren und Jahrzehnten des Schweigens und völliger Abgeschlossenheit in sich selbst nun plötzlich den Satz schreibt: ›mom i love you‹« – als ob es irgendeine Parallele zwischen Birgers diffiziler Prosa und solch simplen Aussagen gäbe. »Es muß«, folgerte der »Psychologie heute«-Autor im Hinblick auf die so illusorischen wie niederen Beweggründe der FC-Verfechter, »Realität sein, was keine Illusion sein darf«. Oder umgekehrt.
Typisch an diesen Unterstellungen war zweierlei: Erstens handelte es sich um eine »Ferndiagnose« – sämt-

liche Fälschungsvermutungen wurden von Personen geäußert, die Birger niemals beim Schreiben zugesehen haben, und zweitens wurde neuerlich unterschlagen, daß Birger nicht nur mit seiner Mutter, sondern mit einem runden Dutzend weiterer »Facilitators« schreibt. Aber immerhin: Dieser kollektive Geniestreich, das Fälschungskomplott unter dem Namen Birger Sellin, wäre ein noch weitaus größeres Wunder als das Phänomen Sellinscher Sprachfindung. Mehr als ein Dutzend stützender Personen – Eltern, Therapeuten, Einzelfallhelfer, Lehrer, Ärzte; Menschen, die sich zum Teil nicht einmal persönlich kennen – müßten seit rund vier Jahren in relativ konstanter Qualität jene Texte produzieren, die wachsamen Auguren des »Spiegel« hinters Licht führen, ein WDR-Kamerateam neppen (volle vier Wochen lang!) einen renommierten Buchverlag, Zehntausende Fernsehzuschauer und noch mehr Leser nach allen Regeln der Kunst zum Narren halten und den armen, natürlich völlig debilen Birger Sellin täglich an den Computer zerren, damit auch alles echt wirkt. Interessant, daß es »Experten« gibt, die solchen Unsinn für wahrscheinlicher halten als ein Phänomem, das nicht in ihr Theorieraster paßt.

»An der Authentizität von Sellins Texten kann nur zweifeln, wer sie nicht wirklich gelesen hat«, kommentierte etwas später die Schweizer Anthroposophen-Zeitschrift »Das Goetheanum«. Dieses Evidenzerlebnis kann ich nur unterstreichen, aber ich gehöre vermutlich zum Komplott. Immerhin war »Psychologie heute« so freundlich, eine Erwiderung von mir abzudrucken; Birger selbst hätte ja aus den bekannten Gründen nicht antworten dürfen. Mehrere Wochen war Birger jedenfalls so verzweifelt, daß er keinen Journalisten mehr sehen und

auch kein Buch mehr veröffentlichen wollte; eine – inzwischen gottlob überwundene – Folge der gegen ihn erhobenen Unterstellungen.
Entgegen einer anderen Expertenmeinung, wonach Autismus mit »emotionaler Leere« einhergehe, fühlt Birger mit seinen autistischen Leidensgefährten und bezeichnete sich einmal sogar als ihr Sprecher. Da er in seinen Texten auch auf andere Autisten Bezug nimmt, die ebenfalls mit FC kommunizieren, werde ich im Folgenden auf die umstrittene Schreibmethode eingehen. Das sprengt zwar ein wenig den Rahmen dieser Nachbemerkungen, ist aber in Birgers Sinn.

Was ist »Facilitated Communication«?

Wer sich nicht mündlich verständigen kann, zeigt mit dem Finger, was er will – jeder hat im Ausland schon einmal nach diesem Prinzip gehandelt. Sich zu artikulieren, indem man auf etwas zeigt, gehört zu den Urformen nonverbaler menschlicher Kommunikation. Schon Kleinkinder bekunden ihren Willen mit solchen Gesten. Was aber, wenn man weder sprechen noch zeigen kann?
Es gibt körperbehinderte Menschen, die als geistig behindert gelten, weil sie sich verbal überhaupt nicht und durch Gesten nur sehr eingeschränkt verständlich machen können. Obwohl sie durchaus über Intelligenz verfügen, werden sie durch Störungen im komplexen System der Muskel- und Gehirnkoordination daran gehindert, ihre Informationen in konventioneller Form weiterzugeben. Ihre Intelligenz bleibt unter der Körperbehinderung verschüttet, ihre mangelnde Kommunikationsfähigkeit wird von der Umwelt als Debilität interpretiert. Auf wie viele Behinderte das zutrifft, läßt sich

nicht einmal annähernd sagen. Festzuhalten ist allerdings, daß solche Fälle vorkommen.

»Facilitated Communication«, zu deutsch »Gestützte Kommunikation«, ist eine Methode, die diesen Menschen eine Kontaktaufnahme auf symbolischer und schriftsprachlicher Ebene ermöglicht. Die Erfinderin von FC ist die australische Pädagogin Rosemary Crossley; ihre Verbreitung verdankt die Methode vor allem Douglas Biklen, Professor für Sonderpädagogik an der Universität Syracuse (Bundesstaat New York) und seiner bereits erwähnten Assistentin Annegret Schubert, die das Verfahren in Europa bekannt machte.

Frau Crossley kam bei ihrer Arbeit mit Behinderten zu der Erkenntnis, daß viele angeblich geistig behinderte Menschen (zum Beispiel Personen mit Down-Syndrom, Apraxie oder eben Autismus) über kognitive Fähigkeiten verfügen, ohne fremde Hilfe aber unfähig sind, sich zu artikulieren. Um solche Blockierungen zu überwinden, bedarf es nur einer winzigen mechanischen Unterstützung: Eine Vertrauensperson stützt den Unterarm oder die Hand des Betreffenden, während diesem die Möglichkeit gegeben wird, auf Bilder, Gegenstände oder Buchstaben zu zeigen. Wenn das Verfahren »anschlägt«, also wenn der behinderte Mensch entgegen dem äußeren Eindruck über Intelligenz verfügt, geschieht etwas, das sich vielleicht mit dem Schließen eines Stromkreises vergleichen läßt: Die Berührung versetzt den Behinderten in die Lage, durch gezieltes Zeigen oder Drücken von Computertasten zu kommunizieren.

Es mag sein, daß Frau Crossley und die amerikanischen Nachahmer um Biklen in ihrer anfänglichen Entdeckereuphorie die Möglichkeiten und die Anwendungsbreite von FC überschätzt haben. Aber es läßt sich schwer von der Hand weisen, daß die Methode bei nicht gerade wenigen behinderten Menschen funktioniert. Wenn man diesen Effekt nicht grundsätzlich anzweifelt, wirft sich die Frage auf: Was geschieht da eigentlich?

In seinem Klassiker »Das Gehirn in Aktion« stellte der russische Nervenarzt A. R. Lurija fest, »daß Willkürbewegung und mehr noch jede Manipulation ein komplexes funktionelles System darstellt, das eine Anzahl von Bedingungen erfüllen muß. Werden letztere nicht erfüllt, dann kann die Bewegung nicht ausgeführt werden.« Lurija folgert daraus, »daß sogar relativ feine Verletzungen im postzentralen Rindenabschnitt die charakteristische kinästhetische Apraxie bewirken. Diese umfaßt Störungen spezifischer Bewegung und die Unfähigkeit, eine Hand in die für eine manipulative Tätigkeit richtige Lage zu bringen.«

Hier ist die Rede von der Unfähigkeit eines Menschen, die eigenen Bewegungen zu steuern, und zwar nicht, weil er geistig behindert ist, sondern weil sein entsprechender Gehirnbereich geschädigt ist (übrigens vermutet Birger, wie auf Seite 161 nachzulesen, bei sich einen Hirnschaden). Ob Autismus auf Hirnschädigungen beruht, ist noch ungeklärt; einige Forscher gehen aber davon aus. Daß sich Autismus – unter anderem – als Wahrnehmungsstörung äußert, gilt allerdings als ausgemacht. Wer die Umwelt »gestört« wahrnimmt, nimmt vielleicht auch sich selbst, d. h. seine eigenen Aktivitäten, »gestört« wahr. Es gibt zwar eine Reihe sehr geschickter Autisten, doch das skurrile Bild, das die meisten autistisch Behinderten bieten, hängt auch mit ihrem – in unserem Sinne – ungeschickten Körperumgang zusammen. Das kann nun wiederum damit zusammenhängen, daß Autisten nie gelernt haben, mit ihrem Körper wie »normale«

Menschen umzugehen – oder aber, daß eine Störung motorischer oder hirnorganischer Natur vorliegt. Beide Varianten könnten indes erklären, warum die FC-Berührung gezielte kommunikative Handlungen bewirkt.

Man muß sich an dieser Stelle vergegenwärtigen, daß Autismus kein klar definiertes Behinderungsbild ist. Es existiert weder eine genaue Trennlinie zwischen Autismus und anderen (auch geistigen) Behinderungen noch eine klare Trennung zwischen Ursachen und Symptomen. *Den* Autismus gibt es vermutlich gar nicht. Was für den einen Autisten gilt, kann für einen anderen schon wieder völlig irrelevant sein. Deswegen ist es unmöglich, allgemeinverbindliche Aussagen über Autismus und FC zu treffen. Es scheint allerdings naheliegender, eine Theorie vom Phänomen her zu formulieren, als mittels einer vorgefaßten Theorie ein Phänomen a priori auszuschließen.

Der australische Autismusforscher Tony Attwood verglich die körperliche Unterstützung beim Schreiben mit dem Anschieben eines Autos, dessen Batterie leer ist. Seiner Auffassung zufolge haben manche Autisten bei der Ausführung einer Handlung ähnliche Schwierigkeiten wie manche Parkinson-Patienten, die ihre Aktivitäten auch erst nach einer Berührung beginnen (können). Hinzu kommt, daß bei vielen Autisten ein schwacher Muskeltonus zum Syndrom gehört, was ebenfalls die Notwendigkeit körperlicher Unterstützung erklären könnte. Möglich ist desweiteren, daß die Koordination zwischen Augen und Bewegungen nicht selbständig hergestellt werden kann oder daß Störungen in der Eigenwahrnehmung vorliegen – oder aber, daß die verschiedenen Symptome zusammen auftre-

ten.* In der Fachwelt spielten bei der Diskussion um Autismus die hier angedeutete mögliche Beeinträchtigung motorischer Fähigkeiten jedenfalls lange Zeit keine Rolle. Die Ausräumung dieses Defizits wird hoffentlich auch die undifferenzierten Diskussionen um FC beenden.
Auf Birgers Rücken wurde in der deutschen Öffentlichkeit jedenfalls derselbe Streit ausgetragen, der, wie gesagt, bereits seit Ende der 80er Jahre in Australien und den USA um FC tobt. »Tobt« ist insofern wörtlich zu nehmen, als der Methode offenbar der Makel anhaftet, sich jeder sachlichen Erörterung zu entziehen. Oder aber der Makel liegt bei den Erörterern. Verantwortlich für die Emotionalisierung der Debatte in Übersee waren unter anderem Fälle, in denen autistische Kinder angaben, sexuell mißbraucht worden zu sein. Jedenfalls hat FC die Fachwelt polarisiert – zwischen euphorischer Befürwortung und schroffer Ablehnung scheint kein Mittelweg möglich. Für die Betroffenen, und nur um die geht es, ist weder die eine noch die andere Variante hilfreich.
Der Hauptvorwurf gegen FC lautet, daß die gestützte Person, unfreiwillig oder nicht, von der stützenden Person manipuliert werde; daß sich also nie genau feststellen lasse, wer von beiden denn der eigentlich Schreibende sei.
Die enge Symbiose von schreibender und stützender Person setzt FC völlig zu Recht einigen Zweifeln aus. Skepsis ist auch angebracht, sie sollte nur nicht in Ignoranz

*Es gibt übrigens auch Autisten, die ihre Stereotypien mit einer derartigen Selbstvergessenheit und Hartnäckigkeit verrichten, daß sie ohne fremde Berührung nicht davon ablassen (können?), so daß sie allein zu gezielten Handlungen kaum in der Lage sind.

umschlagen. Sicherlich gibt es Fälle, bei denen der Facilitator »nachhilft«, und natürlich geben sich auch einige Eltern der Illusion, ihr behindertes Kind sei intelligent, nur allzu bereitwillig hin. Obwohl es müßig erscheint, soll deshalb darauf verwiesen werden, daß FC nur bei einem Teil autistischer Menschen funktioniert, dessen Größenordnung noch längst nicht verifiziert worden ist. Andrerseits: Was bei »normalen« Menschen gilt, nämlich daß es Begabte und weniger Begabte gibt – warum soll dies für Autisten nicht gelten? Um es zu wiederholen: Autismus ist keine primär geistige Behinderung.
Die Unterstützung hat neben der motorischen vielleicht auch noch eine psychologische Komponente. Autisten akzeptieren nicht jeden als Schreibpartner; sie machen sehr wohl Unterschiede. Vermutlich müssen sie zu der stützenden Person zuerst ein emotionales Verhältnis herstellen, um sich sicher zu fühlen. Natürlich ist es nicht ausgeschlossen, daß das symbiotische Agieren auch in den Inhalt der Texte hineinspielt, daß manche Niederschriften also tatsächlich geistiges »Teamwork« sind. (Gehört aber nicht Beeinflussung zu jeder Form von Kommunikation, gerade zwischen Eltern und Kind?) Ein solch komplexes Wechsel- und Zusammenspiel zweier Personen auf mehreren mentalen und geistigen Ebenen läßt sich aber keinesfalls in Entweder-Oder-Schemen pressen. Daß Birger beispielsweise inzwischen einzelne Worte ohne Hilfe schreibt, kann sowohl an einer gewonnenen motorischen Sicherheit als auch an gewachsenem Selbstvertrauen liegen.
Ein weiterer Einwand gegen FC kommt aus den Reihen der Entwicklungspsychologen, die nicht den Schreibvorgang als solchen anzweifeln, sondern die Tatsache, daß Menschen, die jahrelang als völlig debil eingestuft wur-

den und in der Regel nur Unterricht auf Vor- oder Sonderschulniveau erhielten, plötzlich über intellektuelle Fähigkeiten verfügen sollen. Was schwer begreiflich ist, muß jedoch nicht zwingend falsch sein. Daß unter den autistisch Behinderten, die selbständig kommunizieren, also sprechen können, immer wieder frappierende Spezialbegabungen auftauchen, ist allgemein bekannt. Der Hollywood-Film »Rain man«, in dem Dustin Hoffmann einen Autisten darstellt, führte der Öffentlichkeit ziemlich realistisch vor, was man unter derartigen Sonderbegabungen zu verstehen hat. Es ist, nach normalmenschlichen Kriterien, schwer vorstellbar, daß jemand Lexika oder Telefonbücher auswendig weiß, und trotzdem gibt es solche oder vergleichbare Fälle. Warum sollen einige stumme, scheinbar debile Autisten in ihrer von Buchstaben und Symbolen geprägten Umwelt nicht selbständig lesen und schreiben gelernt haben? Wer will das ausschließen? So wie der Ägyptologe Jean François Champollion in vierzehnjähriger Grübelei die Hieroglyphen entschlüsselte, so könnte auch ein Autist, unter Berücksichtigung des unendlichen Zeitvorrats, der den »kastenmenschen« (Birger Sellin) zur Verfügung steht, die Buchstabensprache enträtseln. Birger jedenfalls hat bewiesen, daß es funktioniert.

Ein eindeutiger Beweis für oder gegen FC ist bis heute nicht erbracht und wird sich auch nicht generell, sondern nur im Einzelfall erbringen lassen. Ob die sogenannten Doppel-Blind-Studien nun der Weisheit letzter Schluß sind, sollte derselben Skepsis unterliegen, wie sie gegen FC vorgebracht wird. Wie aus den Naturwissenschaften bekannt, kann die Form eines Experiments den Experimentiervorgang bis zur Undurchführbarkeit beeinflussen. »Die Theorie entscheidet, was wir beobach-

ten können«, schrieb einer, der es wissen mußte, nämlich Albert Einstein.
Bei den Doppel-Blind-Studien werden Patient und Facilitator verschiedene Bilder präsentiert, wobei der eine nicht weiß, was der andere sieht. Danach sollen beide gemeinsam schreiben, was sie gesehen haben. Theoretisch müßte also auf dem Bildschirm die Bezeichnung des Gegenstandes auftauchen, der der gestützten Person gezeigt wurde. Praktisch passiert in der Regel aber das Gegenteil: Das Schreibpaar benennt den Gegenstand, den der Facilitator gesehen hat.
Unter »normalen« Kriterien scheinen die Ergebnisse der Doppel-Blind-Studien evident zu sein. Aber so simpel, wie sie anmutet, ist die Situation wohl doch nicht – man hat es mit Autisten zu tun, also mit Menschen, für die das Gros unserer Kriterien nicht zutrifft. Vielleicht läßt gerade die offenkundige Testsituation den Test scheitern? Der autistische Rückzug aus der Welt hat ja mit Übersensibilität, Verweigerung und Angst zu tun, und es erscheint durchaus verständlich, daß Autisten in Testsituationen blockieren oder sich ganz bewußt verweigern (man denke nur an den Prüfungsstreß bei »Normalmenschen«). Erfahrungsgemäß widersetzen sich Autisten fast jeder Aufforderung – und trotzdem setzen sich Dutzende Autisten mit ihren Eltern oder Therapeuten an den PC. Warum, fragt man sich, tun sie das, entgegen ihrem sonstigen Habitus? Jedenfalls greift die Testsituation in das komplizierte Zusammenspiel zwischen gestützter und stützender Person ein, womit die aus der Physik bekannten Störung des Experiments durch den Experimentierer eintreten könnte. Mit diesem Einwand sind die Ergebnisse der Doppel-Blind-Studien natürlich nicht einfach widerlegt, aber vielleicht ein wenig

relativiert. Sie können, aber sie müssen nicht stimmen.

Beweise oder, meinethalben, Indizien dafür, daß tatsächlich die gestützte Person schreibt, finden sich zum Beispiel, wenn

- es sich bei den Äußerungen um Dinge handelt, die der Facilitator nicht wissen kann, die sich aber leicht von Dritten bestätigen lassen können (etwa die Frage: »Was hast du gestern abend gemacht?«);
- der oft wunderlich verschrobene Sprachduktus inklusive eigentümlicher Themensicht und Wortwahl bei verschiedenen Facilitators gleichbleibt, man also sozusagen per vergleichender Sprachanalyse nachprüft, ob dem Stützenden überhaupt solche Äußerungen zugeschrieben werden können (wie unter anderen eben bei Birger);
- typische Rechtschreibfehler (wie »f« statt »v) auftreten und der Stützende etwa erst in der Wortmitte merkt, daß das Wort mit einem andern Anfangsbuchstaben hätte beginnen müssen.

Ein weiteres Mißverständnis verbirgt sich hinter der Auffassung, FC sei eine Therapie oder gar Heilmethode. Wenn man von diesem Fehlurteil ausgeht, läßt sich sehr leicht das Argument ins Feld führen, daß die Methode noch keinen Autisten geheilt oder auch nur etwas weniger behindert gemacht habe. FC ist aber lediglich ein Mittel, »um die Kommunikation autistischer Menschen zu verbessern« (so die FC-Erfinderin Crossley). Zur Heilung, wenn sie denn in Einzelfällen gelingen sollte, kann die Methode bestenfalls nur eine Vorstufe sein. Alles weitere ist Sache der Therapeuten, Ärzte und Angehörigen.

Abschließend noch ein Wort zum absurdesten Vorwurf gegen die Anwender der »schreibeisernen sicherheitserfolgsmethode« (Birger Sellin). FC-Gegner verweisen immer wieder auf die falschen Hoffnungen, die durch die Propagierung des Verfahrens geweckt werden und die unvermeidlich auch herbe Enttäuschungen nach sich ziehen, wenn es nicht funktioniert. Daß solche Wohlmeinende den Umkehrschluß nicht ziehen, entlarvt sie als simple Dogmatiker. An die in ihrem autistischen Kerker eingemauerten Unglücklichen, die tatsächlich über Intelligenz und Artikulationsvermögen verfügen, denken manche Verfechter der reinen Lehre nie. Sollen solche Menschen für immer schweigen müssen, weil ein gangbarer Weg, ihr verkrustetes Inneres zu öffnen, als »widerlegt« gilt? Soll man, um eine Parallele zu ziehen, Krebstherapien nicht mehr propagieren, weil die meisten Patienten doch sterben?

Was in der Zwischenzeit geschah

Birger ist nicht vom Autismus geheilt, und das war binnen zweier Jahre auch nicht zu erwarten. Fraglich bleibt ohnehin, ob eine generelle Heilung überhaupt möglich ist. Nach bisherigen Erfahrungen läßt sich Autismus nur partiell beseitigen. Doch Birger hat eine Entwicklung begonnen, sozusagen als Beginn langer Lehr- und Wanderjahre, die auf eine allmähliche Eliminierung autistischer Verhaltensweisen hinausläuft. Das Motto seines ersten Buches – »ich will kein inmich mehr sein« – ist inzwischen überholt. Birgers neues Ziel heißt Selbständigkeit.

Diese Entwicklung war nur möglich, weil sich Birger mit Hilfe der FC-Methode psychisch und sozial öffnen und damit das Haupthandicap seiner Behinderung aufbrechen konnte. Die gewonnene Kommunikationsfähigkeit brachte ihm jenes Maß an sozialer Anerkennung, das ihm überhaupt erst ermöglichte, Selbstbewußtsein aufzubauen und sich Ziele zu setzen. Zuvor befand er sich jahrelang in der entsetzlichen Situation, trotz seines ausgeprägten Intellekts als Verrückter behandelt zu werden, ohne irgend etwas dagegen tun zu können. Ein Wunder, daß er nicht wirklich wahnsinnig wurde.

Inzwischen steht Birger also in stetiger verbaler Interaktion mit seiner näheren Umwelt; er kann sich mitteilen, Wünsche äußern und Entscheidungen treffen. Trotz der Verwüstungen, die der Autismus in seiner Wirklichkeitswahrnehmung und seinem Verhalten hinterließ, ist Birger ihm nicht mehr hilflos ausgeliefert. Er kann nicht nur klar denken und seine Situation analysieren, sondern verfügt zudem über ein Maß an Zähigkeit und Willenskraft, dem man nur Hochachtung zollen kann. »Birger stellt sich seiner Behinderung mit bewundernswerter Energie«, sagt seine Therapeutin Margard Breinlinger. »Er läßt sich von Mißerfolgen einfach nicht kleinkriegen.« Es waren nicht zuletzt die vielen positiven Reaktionen auf sein Buch, die Birger aufgemuntert und sein Selbstwertgefühl erheblich gefestigt haben. Als der »Spiegel« die Legende ausstreute, Birger schreibe nicht selbst, stapelte er seine »Fanpost« wie einen Schutzwall um sich.

Birgers Entwicklung läuft auf zwei Ebenen: der geistig-kognitiven und – ich weiß dafür kein anderes Wort – der verhaltenstechnischen. Zum einen stillt er seinen Hunger nach Wissen und Bildung, zum anderen sucht er Zusammenhänge zu erkennen und Kontrolle über sein Verhalten zu gewinnen. Die beiden Ebenen treffen sich an jenem Punkt, den er sich als Zielvorstellung gegeben

hat: Selbständigkeit. Das heißt für ihn, die Mechanismen der Gesellschaft verstehen zu lernen und sich in diesem Rahmen ohne fremde Hilfe bewegen zu können. Autismus bedeutet ja, wie Birger selbst einmal formulierte, die »abschneidung von ersten wichtigen erfahrungen«, also eine Art Kaspar-Hauser-Syndrom. Birger muß sich sozusagen nachträglich selbst sozialisieren, und zwar einerseits im Rahmen seiner Behinderung, andererseits an der Sprengung dieses Rahmens arbeitend. Daß Autisten durchaus einen hohen Grad an Anpassung erreichen können, beweisen Beispiele wie die Australierin Donna Williams oder die Amerikanerin Temple Grandin. Beiden gelang es, sich aus der autistischen Umklammerung zu befreien, und sie führen heute ein zwar eingeschränktes, aber relativ unabhängiges Leben. Birger wäre nur der erste nichtsprechende Autist, der diesen Weg ginge.
Zwei Versuche, Birger in nichtautistische Gruppen zu integrieren, schlugen zunächst fehl. Im Sommer 1993 mußte er altersbedingt aus dem Hort für jugendliche Autisten, wo er tagsüber betreut wurde, ausscheiden. Als erste Zwischenlösung bot sich ein Jugendwerkheim an. Jugendwerkheime sind Werkstätten für behinderte (auch lernbehinderte) Jugendliche, die dort unter Aufsicht von Betreuern angelernt werden, um sie auf dieser Grundlage später ins Berufsleben einzugliedern. Kein idealer Platz für einen Schriftsteller, schon gar nicht für ein autistisches Nervenbündel. Birger sollte zunächst vierzehn Tage auf Probe kommen; drei Tage reichten aus, um alle Beteiligten zu überzeugen, daß dies nicht der rechte Ort für ihn war. Mit seiner chaotischen Art brachte Birger das mühsam ausbalancierte Gleichgewicht der Werkstatt zum Kippen. Er verbreitete soviel

Panik, daß sich die anderen Behinderten vor ihm fürchteten.
Da Birger zwischenzeitlich immer wieder signalisiert hatte, daß er Bildung wünsche, um ein »richtiger« Schriftsteller zu werden, entschlossen sich seine Eltern, eine Schule für ihn ausfindig zu machen. Sonderschulen schieden bei Birgers geistigem Level aus – er verlangte nach einer normalen Schule. Es mußte zudem eine Schule sein, die akzeptierte, daß ein stummer, etwas unruhiger, in Erregungszuständen zu Schreianfällen neigender junger Mann in Begleitung eines Einzelfallhelfers am Unterricht teilnimmt – wobei über diesem Vorhaben jederzeit die Frage stand, ob Birger einen Schulbesuch nervlich und »verhaltenstechnisch« durchstehen würde. Zum anderen mußte geklärt werden, an welchem Unterricht er überhaupt teilnehmen sollte. Birger hatte noch nie Unterricht – in welche Klasse sollte er also einsteigen? Wie war sein Wissensstand? Um es vorwegzunehmen: Birger – weil es so unglaublich ist, sage ich es noch einmal: Er hatte nie zuvor eine Stunde regulären Schulunterricht – begann mit der elften Klasse.
Formell besaß Birger allerdings keinen Anspruch mehr auf Schulbildung, weil er mit seinen zwanzig Jahren zu alt dafür war. Das zuständige Berliner Bezirksamt befand jedoch, er habe bisher zu Unrecht keine adäquate Schulbildung genossen und dürfe sein ohne Selbstverschulden versäumtes Recht auf Bildung nun nachholen.
Im November war es dann soweit. Ein Kolleg für Erwachsenenweiterbildung nahm Birger in eine elfte Klasse auf. Für sieben Stunden pro Woche erhielt er die Erlaubnis, in Begleitung eines Einzelfallhelfers am Unterricht in Deutsch und Politischer Weltkunde teilzunehmen. Parallel dazu konnte er bei Privatlehrern Einzelunterricht in

Englisch, Französisch, Mathematik und den naturwissenschaftlichen Fächern beginnen.
»Birger war zu dieser Zeit extrem glücklich«, erinnert sich sein Vater. Morgens verließ er gut gelaunt das Haus, setzte sich mit seinem jeweiligen Einzelfallhelfer in die Klasse, hörte aufmerksam zu, und wenn er etwas mitzuteilen hatte, schrieb er es auf seinem tragbaren Kleincomputer. Lehrer und Mitschüler nahmen den berühmten Sonderling ohne Umschweife auf. Einmal – für Birger ein Riesenereignis – ging er allein mit seiner Klasse ins Museum. Das scheint nichts Besonderes zu sein, doch es war das erste Mal, daß er sich ohne eine Aufsichtsperson in der Öffentlichkeit bewegen konnte – nach einem zwanzigjährigen Leben unter Aufsicht!
Zweieinhalb Monate ging alles gut. An einem Januartag schrie Birger in der Pause. Etwas später überfiel ihn ein weiterer Schreianfall während einer Pause. In dieser Zeit schrieb er, daß ihm die Art des Unterrichts nicht liege, weil er anders lerne als die anderen. Birger entschied schließlich selbst, die Schule aufzugeben und nur noch Einzelunterricht zu nehmen, was ihm nicht leichtfiel. »Er hat die Klasse sehr geliebt, aber er hat dort eben auch gesehen, wie sehr er behindert ist. Vorher war er ja nur unter Autisten«, kommentiert seine Mutter. Anzumerken ist noch, daß sich die Lehrer sehr um Birger bemühten und die Schuldirektorin Birgers Ausscheiden bedauerte. Theoretisch könnte er immer noch am Unterricht teilnehmen.
Zum Einzelunterricht geht Birger bis heute. Eine Psychologin aus Berlin-Wannsee, die sich auf ein Inserat der Sellins meldete, unterrichtet ihn in Geschichte, Politischer Weltkunde, Englisch, Französisch und Latein, ihr Mann übernahm die Deutschstunden und zusätzlich etwas

Sport. Ein Berliner Biochemiker lehrt Mathematik und Naturwissenschaften, eine Diplom-Pädagogin unterrichtet Kunst. Birgers Lernstoff richtet sich nach den Vorgaben einer anerkannten hessischen Studiengemeinschaft zur Absolvierung eines externen Abiturs.
Nach mehr oder weniger kurzer Anlaufzeit funktionierte »Facilitated communication« zwischen Birger und seinen Lehrern, und der stumme Schüler konnte seine besondere Begabung unter Beweis stellen. »Englisch lernt er rasend schnell, in Latein ist er unheimlich weit, und in Französisch ist er nach einem Jahr auf dem Level, den ein normaler Schüler nach drei Jahren erreicht«, sagt seine Sprachlehrerin. Nach einem Jahr Französischunterricht konnte er bereits Konditionalsätze bilden.*
Auch in Mathematik und in den Naturwissenschaften kam Birger zügig voran. Nach ein paar Monaten konnte er lineare Gleichungen mit mehreren Unbekannten lösen – die Logik der Zahlen leuchtet ihm offenbar ein. Irritiert war er nur über einen jener Kunstgriffe, ohne die Mathematik, trotz scheinbarer Unlogik, nicht funktioniert: In der Mengenlehre stieß er sich an dem Axiom, daß die leere Menge Teilmenge jeder Menge sei. »Er ist ausgerastet, weil das partout nicht in seinen Kopf wollte«, erinnert sich sein Lehrer, »bis ich ihm erklärt habe, daß das per Definition so festgelegt ist.«

*Ein Französischtext vom 2. Januar 1995, den Birger eigens für dieses Buch schrieb, als Beispiel: »Si je n'étais pas un autiste, j'irais tout seul à Paris ou peut-être en Amérique. En France je parlerais Français comme tout le monde et aux États-Unis je parlerais Anglais. Je ferais beaucoup de choses que maintenant je ne peux pas faire.« (Wäre ich kein Autist, würde ich ganz allein nach Paris oder vielleicht nach Amerika gehen. In Frankreich würde ich Französisch sprechen wie alle Leute, und in den Vereinigten Staaten würde ich Englisch sprechen. Ich würde viele Dinge tun, die ich jetzt nicht machen kann.)

Als Begleiterscheinung des Einzelunterrichts geschah eine weitere Überraschung. Zum Setzen der Akzentzeichen und Großbuchstaben in den Französischstunden bediente Birger die jeweiligen Zweittasten spontan mit der linken (ungestützten) Hand. Als seine Lehrerin auf einem der regelmäßigen Treffen von Birgers kleiner Betreuer-Korona davon berichtete, kam Annemarie Sellin auf die Idee zu testen, ob Birger auch völlig ohne Unterstützung schreiben könne.
Er konnte. Am 10. März tippte Birger erstmals zwei Worte – seinen Namen – ohne jede Hilfe in den PC. Zwei Tage später schrieb er, ebenfalls ungestützt: »sieben wunder«, am 14. März:

»durst muss gestillt werden
mir reimwertbuntes erdenken«.

In der Folgezeit schrieb er immer wieder einzelne Worte und Halbsätze allein (die entsprechenden Passagen in den Texten sind mit Fußnoten gekennzeichnet). Und – das war im Zusammenhang mit den Zweifeln an seiner Urheberschaft nicht unwichtig – er behielt bei den selbständig getippten Äußerungen seinen eigentümlichen Sprachduktus bei. Schreiben ohne fremde Hilfe – ein Traum begann Wirklichkeit zu werden.
Die nachhaltigste positive Zäsur in Birgers Leben seit Beginn seiner »Schreibzeit« vollzog sich aber noch vor seinem Schulbeginn. Felix Kuballa, Redakteur beim Westdeutschen Rundfunk in Köln, hatte sich bereits Anfang 1993 mit dem Anliegen an Birger gewandt, einen Film über ihn zu drehen. Wie bei dem ersten (unausgeführten) Filmprojekt mit der Französin Jamila Chauvet arbeitete Birger eifrig am Konzept mit. Zwar sah er der

Tatsache, sich ungeschützt der Kamera und damit der Öffentlichkeit zu präsentieren, nach wie vor mit ambivalenten Gefühlen entgegen, doch er wollte den Film um jeden Preis.

Bezeichnend sowohl für das singuläre Unterfangen des Filmes als auch für Kuballas imponierendes Einfühlungsvermögen war, auf welche Weise die Kontaktaufnahme zwischen ihm und Birger zustande kam. Birger stand mit dem Kölner Filmemacher zwar im Briefwechsel, doch als Kuballa das erste Mal zu Besuch erschien, übermannte den designierten Hauptdarsteller die Erregung. Birger floh in den Sandkasten im Garten des Hauses. Die beiden fanden schließlich wie zwei Kleinkinder zueinander: Kuballa setzte sich zu Birger, und beide ließen im Duett Sand durch ihre Hände rieseln. Dabei erläuterte der Regisseur seinem Hauptdarsteller das Konzept. Das Eis war gebrochen.

Die Dreharbeiten begannen Anfang September – zur selben Zeit, als das Buch erschien und Birger zum Medienereignis avancierte –, und sie waren für Birger »die beste Therapie, die er je hatte«, wie seine Mutter formuliert. »Er hat gemerkt, daß er, vielleicht zum ersten Mal, richtig ernst genommen wurde. Kein Therapeut ist jemals so auf ihn eingegangen. Der Film war der äußerliche Durchbruch. Danach kam ein rapider Aufschwung.« – »Es waren«, gibt Kuballa zurück, »die interessantesten Dreharbeiten, die ich je hatte.«*

Birger ließ sich nicht einfach nur filmen, er spielte mit – manche Szenen mit dutzendfacher Wiederholung. Er

*Im Rahmen der Verleihung des 31. Adolf-Grimme-Preises im März 1995 erhielten Birger Sellin und Felix Kuballa für ihren Film den Sonderpreis des Kultusministers von Nordrhein-Westfalen.

»spielte« einen Autisten für die Öffentlichkeit. So spielte er zum Beispiel seine Stereotypien, und zwar nicht, wenn sie ihn überkamen, sondern wenn der Regisseur es wollte, oder setzte sich an den PC und schrieb eigens für die Kamera. Es war ein Kampf, und es war ein Triumph. Gegeben wurde »Rain man«, diesmal allerdings live. Ein Autist spielte einen Autisten, das war eine Weltpremiere und ein aberwitziger Vorgang; schließlich gelten abnorme Verschlossenheit und Kommunikationsunfähigkeit als Hauptmerkmale der autistischen Behinderung.
Die Filmaufnahmen dauerten bis zu acht Stunden täglich (man bedenke: Als Birger noch in den Hort ging, war man froh, wenn er mal zehn Minuten mit Fingerfarben malte), und sie zogen sich, mit Unterbrechungen, über zwei Monate hin. Eventuell wird es eine Fortsetzung geben. Kuballa plant einen zweiten Teil, diesmal als »Langzeitfilm«, mit einem, wie er hofft »organischen Abschluß – sei es, daß Birger spricht oder selbständig schreibt«.
Während der Dreharbeiten hatte Birger erstmals demonstriert, daß er in der Lage ist, über mehrere Stunden gezielt zu agieren und dabei die Selbstkontrolle zu behalten. Später, in der Schule und vor allem beim Einzelunterricht, stellte er unter Beweis, daß er dieses Konzentrations- und Selbstbeherrschungspensum auch unter anderen Bedingungen leisten kann. Dieser Entwicklungsschritt ist also unumkehrbar.
Birger gewinnt immer mehr Kontrolle über sein Verhalten. Details seiner Lebensbedingungen bestimmt er bereits selbst (etwa seine Entscheidung, die Schule aufzugeben, oder seine Mitsprache bei der Auswahl von Lehrern und Einzelfallhelfern). Mittlerweile ist es auch normal, daß er allein zum Einzelunterricht geht – ein vierzigmi-

nütiger Fußweg durch Berlin-Wannsee. »Wir konnten uns vor einem Jahr nicht vorstellen, daß er selbständig das Haus verläßt und später wiederkommt«, freut sich Birgers Vater. Bekannte der Sellins, denen Birger unterwegs begegnete, haben bestätigt, daß er selbstverständlich und sicher seines Weges ging. Sogar seine panische Angst vor Hunden hat er überwunden.

Birger nimmt, allerdings noch in Begleitung, am normalen Leben teil, er geht in Restaurants oder besucht Theateraufführungen. In letzter Zeit ist er mehrfach verreist, einmal ohne seine Eltern: Er fuhr mit seinem Freund Erik eine Woche nach Bayern. Während eines Therapieaufenthaltes in Bern Ende November/Anfang Dezember 1994 wohnte Birger in einem eigenen Hotelzimmer mit eigenem Schlüssel. Abends zog er sich selbständig zurück, morgens ließ er sich von seiner Mutter zum Frühstück abholen.

Die verschiedenen Therapien, denen sich Birger unterzog, brachten keine sichtbaren Veränderungen. Erfolgreicher scheint seine dauerhafte Betreuung durch Margard Breinlinger zu sein. Sein bester Therapeut ist aber vermutlich Birger selbst. Die Schreianfälle, die bis vor kurzem seinen Alltag noch wie ein Leitmotiv durchzogen und regelmäßig die familiäre Harmonie zerstörten, haben deutlich abgenommen. Birgers Körperhaltung ist straffer, sein Auftreten sicherer, seine Mimik eindeutiger geworden. Ganz auffallend ist, daß er sich in letzter Zeit seltener und weniger heftig schlägt.

Im Sommer 1994 erlebte Birger ein für ihn völlig neues Gefühl, das ihm zugleich schmerzlich die eigenen Grenzen vor Augen führte: Er verliebte sich in seine Einzelfallhelferin, eine Germanistikstudentin, und machte ihr bei den gemeinsamen Spaziergängen auf seinem Mini-

Computer Avancen (die Texte, die er in den »Psion« tippte, lagen auf dem Level mündlicher Kommunikation – nichts davon hat Birger abgespeichert). In einem der letzten Verse des todkranken Dichters Heinrich Heine empfängt dessen Geliebte, die »Lotosblüte«, statt der wirklichen Liebe »nur ein Gedicht«. Mehr konnte auch Birger nicht geben.

Daß Birgers Schreibintensität seit Mitte 1994 etwas nachgelassen hat, hängt mit dem Unterricht zusammen. In Wirklichkeit schreibt er viel mehr als früher – nur eben für die Schule. Die Schreibpause im Frühjahr 1993 hatte ihre Ursache in der homöopathischen Behandlung.

Wir werden Birger nun verlassen. Wir verlassen einen hoffnungsvollen jungen Mann, der noch viele Schritte in Richtung Selbständigkeit gehen wird. Vielleicht schreibt er sein nächstes Buch schon völlig allein. Das Ende von Birgers Weg ist offen. Vom Weg selbst aber wird mit Sicherheit noch zu berichten sein.

Birger Sellin

ICH WILL KEIN INMICH MEHR SEIN

botschaften aus einem autistischen kerker
Mit Fotografien, Pressespiegel und Briefen an den Autor

KiWi 382

Ein Zwanzigjähriger, schwer autistisch behindert und seit seinem zweiten Lebensjahr verstummt, schreibt Texte von bizarrer Schönheit. Sie lassen uns in die »welt der kastenmenschen« blicken und zeugen von den Qualen, denen der Autor in seinem autistischen Kerker ausgesetzt ist.

»Birger Sellin ist ein Schriftsteller. Hier wird nicht Sprache bemüht, hier wird um Sprache gerungen. Hier führt mir einer unter Schmerzen vor, was Schreiben eigentlich heißt.«
Peter Bichsel

KiWi Paperbackreihe bei Kiepenheuer & Witsch

Kate Millett
Der Klapsmühlentrip

Titel der Originalausgabe: *The Loony Bin Trip*
Aus dem Amerikanischen von Erica Fischer

Broschur

Kate Millett, eine der bekanntesten Vertreterinnen der Frauenbewegung, schildert in ergreifender Weise ihre jahrelange Odyssee durch die Psychiatrie.

Die amerikanische Presse urteilt: Seit Ken Keseys *Einer flog über das Kuckucksnest* hat es in der Literatur keinen solchen Aufschrei gegen psychiatrische Einrichtungen und Praktiken gegeben.

Kiepenheuer & Witsch